영성의 대가

Emmanuel Renault
Ste THERESE D'AVILA et l'éxperience mystique
MAITRES SPIRITUELS
© Editions du Seuil, Paris 1970

Translated by Koseng Carmelite Sisters
© Benedict Press, Waegwan, Korea 1990

영성의 대가
1990년 10월 초판 ǀ 2010년 7월 5쇄
옮긴이 · 고성 가르멜 여자 수도원 ǀ 펴낸이 · 이형우
ⓒ 분도출판사
등록 · 1962년 5월 7일 라15호
718-806 경북 칠곡군 왜관읍 왜관리 134의 1
왜관 본사 · 전화 054-970-2400 · 팩스 054-971-0179
서울 지사 · 전화 02-2266-3605 · 팩스 02-2271-3605
www.bundobook.co.kr
ISBN 89-419-9027-0 03230
값 6,000원

엠마누엘 르놀

영성의 대가
아빌라의 성녀 데레사와 신비적 체험

고성 가르멜 여자 수도원 옮김

분도출판사

차 례

- 생 애 -

영적 여정 ·· 9
　하느님을 뵙고 싶은 소망 ···························· 9
　이 세상의 매력 ·· 14
　강생 가르멜 수도원에서 ····························· 19
　거친 바다 가운데서 ·································· 24
　회심 ·· 29
　선의의 사람들의 반대 ································ 34
　영적 혼약 ··· 39
　아빌라의 성 요셉 수도원 창립 ···················· 47
　창립의 파란 ·· 57
　영적 혼인과 마지막 싸움 ··························· 61
인간상 ·· 67

- 업 적 -

교설(敎說) ·· 80
　하느님의 현존(現存) ································· 81
　예수 그리스도의 인성(人性) ······················ 85
　삼위일체 ·· 87
　하느님의 부재감(不在感) ··························· 90

사랑은 결코 한가롭지 않다 …………………………………… 91
하느님과의 대화인 묵상기도 ………………………………… 96
관상과 신비적 현상 …………………………………………… 100
가르멜의 개혁 …………………………………………………… 105
　그 유래와 정신 ……………………………………………… 105
　데레사와 가르멜의 전통 …………………………………… 112

－ 영 향 －

데레사의 생시 …………………………………………………… 119
데레사의 사후 …………………………………………………… 122
현대와의 관계 …………………………………………………… 128
데레사의 초상화 ………………………………………………… 130

－ 저서와 본문 －

저서 ………………………………………………………………… 135
　주요 저서 ……………………………………………………… 135
　소품 또는 작은 저서 ………………………………………… 137
　〈서간집〉 ……………………………………………………… 138
본문 발췌 ………………………………………………………… 139
　수도원 입회 …………………………………………………… 139
　지옥의 환시 …………………………………………………… 140
　그리스도의 환시 ……………………………………………… 141
　진리 …………………………………………………………… 142

청빈 …………………………………………………………… 144
하느님께 대한 사랑 ……………………………………… 145
코르도바에서의 성신강림축일 ………………………… 146
완전한 묵상기도의 요긴한 부분 ……………………… 147
겸손 …………………………………………………………… 149
참된 영적인 사람 ………………………………………… 150
하느님께 대한 갈망 ……………………………………… 151
탄원 …………………………………………………………… 151
허영 …………………………………………………………… 152
십자가의 성 요한에 대해서 …………………………… 154
고뇌와 기도 ………………………………………………… 154
교회법상의 시찰자들 ……………………………………… 154
충고 …………………………………………………………… 155

연표 …………………………………………………………… 159

생 애

영적 여정

하느님을 뵙고 싶은 소망

　아우마다의 데레사는 1515년 3월 28일에 태어났다. 근래 사가들의 학설에 따르면 그녀가 태어난 곳은 아빌라가 아니면 그곳에서 매우 가까운 그녀 양친의 소유지인 고타렌두라이리라고 추론되고 있다. 그러나 그것은 그리 중요하지 않다. 그녀의 친할아버지인 톨레도의 요한 산체스는 활동적이고 끈기가 있으며 탁월한 사업 수완 등으로 누구에게나 존경받는 기개있는 비범한 인물이었다. 그는 본시 유대계였으나 1485년에 가톨릭으로 개종하였다. 그녀의 아버지 세페다의 알론소 산체스는 두 번 결혼하였다. 그의 첫째 아내 페소의 가타리나는 1507년에 두 아이를 남기고 이 세상을 떠났다. 알론소는 2년 후 아우마다의 베아트리스와 결혼하여 열 자녀를 두었다. 데레사는 이 둘째 아내의 셋째 아이였다.
　그때 사람들은 말하기를 알론소는 온화하고 겸허하며 또한 명상적인 기질이 있었고, 행동이나 걸음걸이도 점잖았으며 더구나 품행이 단정했다고 한다. 그러나 사업에는 그다지 수완이 없었던지 죽기 전에는 많은 빚을 져 가세를 기울게 하였다.
　그는 자기의 사회적 지위에 어울리게끔 여종과 하인들을 거느리고 비슷한 계층의 귀족들과 함께 왕에게 충성을 다했고 명예를 중요시했으며 언제나 이상을 추구하고 또한 그 당시 에스파니아 사회의 엄격한 관습을 잘 지키고 있었다. 바로 데레사가 태어나기 직전, 그는 에스파니아 왕의 요구에 따라 나바라 공격에 참가하여, 프랑스 돌격 부대와 맞서 팡펠루나를 수비했다. 그러나 그는 뛰어난 군인은 못되었다. 그의 기질은 오히려 조용하고 가정적인 사람으로, 책이 가득 찬 그의 서재에서 장서를 애독하는 편이 더 어울리는 사람이었다. 데레사는 이러한 다소 완고하지만 고상한 기품 안에 숨겨진 깊은 애정과 인자한 마음을 가지신 아버지를 잘 알고 아버지에 대해 이렇게 쓰고 있다:

"아버지는 가난한 이들에게 잘 베풀었고 앓는 사람이나 사환, 노복들에게도 따스한 동정심을 갖고 있었습니다. … 아버지는 언제나 항상 진실을 말하였고 헛맹세를 하거나 남을 헐뜯는 일은 도시 없었으며 늘 단정하고 근엄한 몸가짐이었습니다."

데레사의 어머니 베아트리스는 이런 남편에게 참으로 어울리는 아내였다. 온화하고 진중하였으며 신심이 매우 깊었다. 아이들에게 기도를 가르치고 성모께 관한 신심을 심어 준 것도 이 어머니였다. "어머님도 많은 덕을 갖추고 있었는데 몹시 병약한 생애를 지냈습니다. 퍽 얌전한 분이었고 곱고 아름다웠음에도 불구하고 그런 것들을 자랑삼는 티라곤 없었으며, 33세의 젊은 나이에 세상을 떠났는데 그때 이미 노년기의 부인들과 같은 옷차림새를 하고 있었습니다. 어머니는 온유하신 성품에 아주 바른 판단력을 지니신 분이었습니다. 일생 동안 수많은 시련을 견디어내고 크리스찬다운 경건한 죽음을 맞이하였습니다."

그러나 베아트리스도 어느 점에서는 남편과는 서로 달랐다. 그녀는 그 당시 유행하던 기사소설을 애독하고 있었다. 열다섯살 때에 열네살이나 많은 남편과 결혼한 그녀로서는 아마도 자기에게 주어진 그 괴로운 처지에서 헤어나고 싶었거나, 위안을 얻고 싶어서 취한 행동이 아니었겠는가. 이를테면 가문의 명예나 많은 자녀들로 인한 번거로움, 또는 잦은 병으로 늘 집에만 갇혀 있어야 했던 괴로움들에서 말이다. 설령 그녀가 그 소설의 세계로 도피했다 치더라도 그것은 데레사도 말하고 있듯이 그토록 많은 고통을 잊어버리고 싶었기 때문이었을 것이다. 아이들조차 모두 물들어 버린 이 작은 결점인 소설을 읽는 것을 아버지 알론소는 대단히 못마땅해했으나, 그것이 이 부부의 금실에 금이 가게 하지는 않았다. 어린 데레사는 이처럼 반듯한 가정에서 자라났다. 그녀는 1528년에 여동생 요한나가 태어나기까지 아홉 명의 사내아이들 가운데 유일한 어린 딸로서 특히 오랫동안 아버지의 사랑을 받았다. 그럴 수 있었던 것이, 언니 마리아는 그녀보다 아홉살이나 위였기 때문이다.

데레사도 그 당시의 귀족 자녀들이 받는 교육을 받아 아주 어릴 때부터 읽기를 배웠다. 형제들과 함께 성인전을 읽고, 그것에 대해 서로 이야기하고, 순교자들의 이야기에는 가슴을 설레였을 것이다. 이와 같은 깊은 종교적 분위기는 그녀의 마음속 깊이 새겨졌다. 생활의 선율을 모두 전례에 맞추고 있던 아빌라 사람들과 함께 살던 그녀에게 있어서는 더욱더 그러했던 것이다. 아빌라는 "왕들의 나라, 성인들의 고장, 기사들의 아빌라"라고 칭송받고 있었다. 가톨릭 국가인 에스파니아에서도 아빌라만큼 종교적 분위기를 띤 도시는 별로 없다. 아메리카에서 산출된 금이 흘러들어 왔기 때문에 사람들의 윤리관은 문란해졌다. 그런 중에서도 아빌라 사람들은 거기에서 따라오는 해를 받지 않고 엄격한 도덕심으로 저항하고 있었다. 싸움터에서 자기들의 정열을 불태울 수 없었던 기사들은 석조 저택 안에서 거의 수도자적 생활을 하고 있었다. 과장 없이 데레사는 오빠 라우렌시오에게 쓴 편지에 "아빌라의 모든 사람들은 모두 다른 곳에서 들어온 사람들을 감화시켰을 정도로 훌륭한 신자입니다"라고 하였다.

한편 지리적인 환경도 데레사의 성격 형성에 영향을 미쳤다. 풀 한 포기 나지 않는 메마른 가스틸르 고원에 자리한 아빌라는 오늘날 역시 여든 개나 되는 성탑으로 요새처럼 우뚝 솟아 있다. 저 멀리 그레도스의 산들이 이어지고 서편에는 아다지아의 맑은 강이 흐르며, 남쪽은 암베라의 가파른 경사로 둘러싸여 있다. 겨울의 매서운 추위 속에서도 햇빛으로 감싸인 이 땅에서는 모든 것이 뚜렷하고 웅장한 윤곽을 보여 주고 있다.

훗날 그녀가 수녀들을 위하여 쓴 것 중에 "죽어도 좋으니 져서는 안됩니다"라는 말이 있는데 그녀는 무의식중에 이 도시의 표어인 "꺾일려면 부서져라"고 한 것과 같은 말을 하고 있는 것이다. 어떻게 보면 그녀의 훌륭한 품성은 그 지방과 그 혈통의 가장 뛰어난 특질이 그녀 안에 결실을 맺은 것으로 생각된다. 그녀가 일곱살이던 어느 날 오빠 로드리고와 같이 하느님을 위한 사랑으로 구걸하면서 무어인의 나라를 찾아 나선 일이 있었다. 둘 다 거기에서 목을 잘리고 싶어서였다. 그녀는 자주 이 추억을 말하고 있다. 시복 조사의 증언에도 이 일이 대두되었다. 그것이 단순히 어린애다운 공상이나 일시적인 충동으로 한 행동이 아니었음은 그후의 생활로써도 증명된다. 그녀의 소망은 하느님과 즐기는 것이었고, 독서와 담화, 또는 그녀가 받은 종교교육으로 알게 된 영원하고 완전한 행복을 얻고 싶어서였다: "우리는 고통도 영광도 영원하다는 것을 책에서 읽고 감격했습니다. 우리는 오랜 시간 거기에 대해서 서로 이야기하고 가끔 '영원히, 영원히'를 되풀이하기를 좋아했습니다." 데레사의 열정적인 성격 때문에, 그녀는 즉시, 모든 것을 소유하기를 원하였다. 즉, 그녀 자신이 밝히듯이 "천성적으로 타고나기를 내가 무엇인가를 원할 때, 그것이 꼭 나에게 이루어지기를 간절히 원합니다". 가족에게서 사랑받으며 풍요로운 생활을 누리던 그녀가, 그와 같은 인간적인 행복은 언젠가는 깨어질 행복에 지나지 않는다는 것을 알고 있었던 것일까. 그 당시 유럽을 혼란케 하던 전쟁에 관해 사람들이 이야기하는 것을 그녀는 들었고, 친척이나 친구들이 플랑드르나 아프리카나 인도로 연이어 출정해 가는 것을 똑똑히 보았다. 또한 어머니가 늘 병고로 괴로워하는 것도 보아 왔고, 아버지가 첫째 아내를 잃은 것도 알고 있었다. 그러므로 그들과 함께 행복한 생활을 즐기고 있으면서도 언젠가는 그것을 빼앗기리라는 것을 그녀는 알고 있었다. 어릴 때 그녀가 무어인에게로 가려고 한 동기는 하느님께 대한 사랑 때문에 비롯한 자기 포기는 아니었으나 그것은 "하느님을 위해 치명하는 것", 즉 그 시대 영웅들의 훌륭한 행위를 흉내내면서, 그 이상으로 더욱 자기를 완전히 개화시키려는 것이었다. 단번에 모험을 하는 것, 영광 중에 죽는 것, 그리고 영적으로 가장 위대한 상태까지 이르는 그런 것이 아니었을까.

이런 몇가지 일들에서 순교자의 영광을 찾는 데레사의 마음을 엿볼 수 있다. 더구나 한층 깊은 그 무엇이 그녀의 마음을 움직이고 있었다. 그녀는 또 말한다: "내가 아직 어렸을 때 주님은 진리의 길을 가르쳐 주시는 은혜를 내게 주셨습니다." 그녀에게 보여 주셨던 천상의 빛인 이 진리는 현세에서는 "모두가 허무이고 이 세상 모든 것은 얼마나 헛되고 덧없는가".

일곱살 소녀의 영혼이 감지했던 이것은 그 생애에 걸쳐 결코 사라지지 않을 것이다. 앞으로 그녀는 모든 것의 덧없음과 헛됨을 계속 깨우쳐 주는 이 진리를 더욱 깊게 하고 전개하는 데 힘쓰게 될 것이다. 그녀는 잘못된 희극이나 촌극, 또 잠에서 깨면 이미 완전히 사라져 버리는 꿈과 같은 죽음을 향해 가는 이 인생을 살펴본다. 이 깨달음은 우리가 볼 수 있는 것처럼 병적으로 삶에 적응하지 못하거나 또는 상처받고 실망한 마음에서 비롯된 것이 아니다. 그것은 영원과 영원한 행복의 충만에 비한다면 현세의 창조된 부가 얼마나 약하고 보잘것없는 것인가 하는 확실한 인식인 것이다. 그녀는 이 초기의 직관이 하느님께 관한 최초의 체험이었다고 쓰고 있다: "하느님이 누구에게 이 세상 인식을 명백히 밝혀 주실 때, 그 사람에게 당신의 뜻을, 그리고 다른 또 하나의 세상이 존재함을 계시하십니다. 이 세상과 저 세상은 그 얼마나 다르겠습니까. 한편은 영원한데 다른 편은 헛된 꿈결 같은 세상입니다. … 이 차이에 대한 체험을 가져야 합니다. 왜냐하면 거기에 관해서 생각하는 것과 그것을 믿는다는 것은 전혀 다른 문제이기 때문입니다."

이 불명료한 체험에는 그녀의 처지와 성격에서 기인한 잡다한 요소가 섞여 있었다. 그 이후의 체험은 그녀에게서 자기 중심적이며 감상적인 불순물을 제거시키면서 그녀를 정화시켜 갔다. 그녀는 이 세상의 헛된 행복이 아니라, 직접적인 생명의 충분한 개화를 찾고 있었던 것이다. "하느님을 뵙고 싶다"는 소망에 타오른 그녀는 하느님을 위해서 하느님을 사랑하고, 하느님의 영광과 이웃의 구령을 자기의 행복보다도 더 깊이 염원하였다. 그것은 그녀가 오빠와 함께 아다지아로 가는 다리 위에서 프란치스꼬 숙부에게 잡혀간 그 사건에서 잘 나타나 있다. 하느님 안에서만 참된 행복이 있기에, 그녀는 하느님을 위해서만 삶으로써 행복을 찾으려고 순수하게 노력한 것이다. 이를테면 자기 집 정원에다 초막을 짓고 거기서 기도를 하거나 애긍을 하고, 어린 동생들과 함께 수녀들을 흉내내기도 했다. 이것은 그녀가 그때 이미 수도생활에 대해서 생각하고 있었다는 뜻은 아니다. 그렇게 생각하는 것은 당연하다. 인간 행위는 이치대로 되지 않을 뿐더러 하물며 한 어린 여자아이에게 있어서야 더 말할 것이 있겠는가? 데레사는 온 힘을 다해 하느님과 함께하는 즐거움을 찾으려고 노력했다. 거기에 이르는 길은 순교밖에는 없다고 생각했으며, 그밖의 다른 방법이 있으리라고는 생각지도 못했다. 물론 이 처음의 열심이 오래 지속될 수 없다는 것은 당연한 일이기도 하다.

이 세상의 매력

나이가 들면서 그녀의 매력과 천부적인 자질은 ― 그것은 굉장한 것이었다고 전해진다 ― 그녀를 가족들 중에서 작은 여왕과 같은 존재로 만들어 그녀 안에 싹텄던 하느님을 위한 절대적인 사랑의 소망은 점점 사라져가고 말았다. 어머니를 닮아 그녀도 기사소설을 읽는 데 열중했다: "나는 어떤 새로운 책이 곁에 없으면 전혀 기쁨을 느끼지 못할 만큼 온전히 기사소설에 열중해 있었습니다." 그러나 이 세계 역시 그녀에게 만족을 주지 못했다. 그녀는 언제나 더욱 큰 것을 꿈꾸고 있었다; 기품있고 순수하며 자부심이 강한 그녀 역시도 여인으로서 그녀를 위하여 모든 것을 바치는 한 기사가 나타나기를 꿈꾸었던 것이다. 그래서 그녀 스스로가 〈아빌라의 기사〉라는 제목의 소설을 쓸 정도였다.

만일 어머니 베아트리스가 일찍이 ― 서른셋의 젊은 나이에 ― 별세하지만 않았더라도 데레사가 이런 소설 속으로 도피하는 애처로운 결과를 가져오지는 않았을지도 모른다. 그때 열네살이었던 데레사는 어머니의 죽음이 자기 앞날에 미칠 영향에 대해서 어렴풋이 느끼면서 성모 마리아께 자기 엄마 대신 어머니가 되어 주십사고 간절히 청했던 것이다. 그러나 이 현세의 즐거움의 매력에 어떻게 대처해 나갈 것인가. 그녀 스스로도 빼어난 아름다움과 총명함으로 모든 이에게 칭찬받고, 사랑하고 사랑받고 싶은 자연스런 감정을 품지 않았겠는가? 그녀는 자기에게 접근하는 이들에게 자기가 영향을 끼친다는 것을 깨닫자, 그 사람들에게 더 한층 매력있게 보이려고 노력하기 시작했다. "나는 몸을 가꾸고, 나의 아름다움을 더욱 돋보이게 하여 남의 마음에 들고 싶어했습니다. 손이나 머리, 향수 등에 이르기까지 한껏 허영심에 차 있었습니다. 아무튼 그것은 대단한 것이었습니다. 나는 여간 멋을 부리는 처녀가 아니었으니까요." 젊은 처녀에게 있어서 그것은 너무나 자연스러운 일이 아니겠는가?

이처럼 모양 내는 일에 마음을 쓰면서도 전혀 거리끼는 마음이 없었다. 알론소는 외부 사람을 자기 집에 출입시키는 일에는 참으로 진중하였다. 그러나 친척들의 출입에 대해서는 제한을 두지 않았다. 그 중에서 좀 경박스러운 한 사촌 여형제와 데레사는 친하게 지내고 있었다. "언제나 나는 그녀와 대화를 나누었습니다. 왜냐하면 그녀는 나를 즐겁게 해주는 모든 오락에 나를 동반해 주었으며 심지어는 나를 거기에 억지로 데리고 가기도 했습니다. 게다가 그녀가 교제하는 일이나 자랑스러운 것들을 내게 이야기해 주었습니다." 이 사촌의 영향으로 데레사는 종교적 신념이나 도덕적인 확신감을 점점 잃어가고 있었다. 게다가 그밖의 다른 여러 사촌들도 이 집에 늘 드나들고 있었다. "그들은 나보다도 조금 손위이긴 했으나, 나와 같은 또래였습니다. 우리는 언제나 함께 지냈고 모두 나를 무척 사랑해 주었습니다. … 나는 그들이 자기들의 취미라든가 시시한 소일거리들을 이야기하는 것을 듣고 있었는데, 그런 것은 조금도 유익하지 못했습니다."

결국 이렇게 하여 일시적이나마 그들 중 한 사람과 사랑에 빠지게 된 것이다. 아마도 페소의 안토니오 또는 더 확실히 말하자면 페르난도 멕씨아의 미망인이며 데레사의 숙모인 세페다의 엘비라의 세 아들 중 하나였는지도 모른다. 그러나 이 일은 경솔한 하인들이 자기들의 이익을 위해 적극 협력했음에도 불구하고 더이상 깊어지지는 않았다. 사실 데레사는 모든 부도덕한 것을 혐오하고 있었기 때문이다. 그러나 아직 하느님의 부르심이 그녀의 마음에는 울려 오지 않았다. 그렇지만 귀족의 딸이라는 자부심이 그녀 자신을 지키는 마지막 요새로서 우뚝 솟아 있었기 때문에, 그녀는 결코 체면을 손상하는 일은 용납하지 않았다. "이 점에 대해서는 결코 내 마음을 바꾸게 할 수는 없었습니다. 내가 누군가를 아무리 사랑했다 할지라도, 그의 애정에 이끌려서 그때문에 나쁜 짓을 한다는 것은 절대로 있을 수 없었습니다."

이 시대에도 아직 명예를 중시하는 풍조는 남아 있었다. 그 힘이 얼마나 강한지를 알아듣기 위해서는, 13세기로 거슬러올라가 파르티다스의 가스틸르 법이 규정하고 있는 바를 상기하면 된다. 이런 헛된 명예에 극도로 애착하고 있었던 경솔한 데레사는 그래도 중한 죄를 범해서 하느님으로부터 멀어지는 일은 하지 않았다. 우리가 볼 때 이처럼 작은 죄를 왜 그녀는 중대한 것이라고 생각하였을까? 데레사는 마흔일곱살 때 여기에 대해 말하고 있다. 그 무렵 그녀는 하느님과의 일치가 절정에 달하고 있었다. 우리에게는 대수롭지 않게 여겨지는 결점을 성인들은 아주 큰 것인 양 고백한다. 그러나 그들의 마치 과장한 듯한 표현은 거짓 겸손이나 소심한 상태에서 비롯된 행위가 아니었다. 오히려 그것은 오랫동안 하느님과의 친밀한 관계에서 닦여진 섬세한 양심이 그리하게 했던 것이다. 그런 섬세한 양심은 주님과의 친밀한 개인적인 관계에 있어서, 아무리 작은 거스름도 생생한 상처처럼 느낀다. 성인들은 하느님의 빛 안에서 자신을 바라보며 깨끗한 투명한 마음으로 자신을 판단하는 것이다. 그리하여 데레사는 자기를 전적으로 신뢰하고 있던 아버지께 불충실했던 것과 특히 이미 그녀의 모든 것을 요구하시는 하느님으로부터 멀어져 있었던 것을 마음 아파하고 있다.

그녀는 천성적으로 성실한 소녀였음에도 불구하고 위험에 근접하고 있었다. 사실, 마침 이 무분별한 시기, 즉 1531년에 그때까지 어머니 노릇을 해주었던 언니 마리아가 구스만 바리엔도스의 마르탱과 결혼하게 되어 아버지 곁을 떠나 가스틸르에서 살게 되었던 것이다. 이어 이사벨 여왕과 황태자 필립 전하께서 아빌라에 공식 방문을 하셨다. 이 두 차례에 걸친 축제 소동이 젊은 연인들에게 더 한층 자유롭게 만날 기회를 주었던 것이다. 그러나 비밀은 드러나고 말았다. 아버지가 품기 시작한 의혹은 피할 길 없이 명백해져 갔다. 그래도 아직 결정적인 증거는 아무도 잡지 못했다. 내성적이고 엄격한 알론소는 그녀를 아빌라에 있는 아우구스티노회의 수도원에 맡겨 그 연인으로부터 떼어놓으려고 결심했다.

데레사는 처음으로 가족의 품을 떠난 것이다. 그녀의 사랑놀이는 석 달밖에 계속되지 않았으나, 사실은 그때 이미 그녀는 그런 생활에 싫증이 나던 터였다. 무엇보다도 데레사에게는 자기의 허영심이 드러난 것이 치욕스러웠다. 왜냐하면 그녀는 명예를 대단히 중하게 여기는 처녀였기 때문이다. 그러나 마음의 평화를 되찾는 데는 한 주간으로 충분했다. 더구나 그녀는 새로운 환경에서도 주위 사람들의 마음까지도 사로잡게 되었다. 데레사를 보살펴 주던 브리세뇨의 마리아 수녀가 특히 그녀에게는 인상적이었다. 이렇게 해서 자기 안에 영원한 행복에 대한 소망이 또다시 싹트는 것을 느꼈으나 수도생활에 대해서는 염증을 느끼게 되었다. 그래도 하느님께 완전히 자기를 바치려는 생각이 조금씩 우러나고 있었다. 수도원에 머문 일 년 동안 데레사는 하느님이 자기에게 기대하고 있는 것을 행하려는 마음의 준비가 갖추어지고 있었다. "그래도 나는 수도생활의 소명을 바라지 않았습니다. 그러나 한편으로는 결혼생활에 대해서도 두려움을 품고 있었습니다."

이렇게 방황하면서 그녀는 그 어느 쪽으로도 결정을 내리지 못했다. 그녀는 아우구스티노회의 수도원에서 극도의 고행을 보았다. 그러나 그녀에게 연옥처럼 여겨지는 그 고행 생활도 다른 수도원에서라면 견디어낼 수 있을 것같이 여겨졌다. 그러나 그때로서는 아직 거기에까지 이르지는 못했고, 또 한편 만일 그녀가 결혼생활에 더 마음이 끌렸다 하더라도 결혼한 여인들의 생활을 탐탁하게 생각하고 있지는 않았다. 예컨대 자기 감정을 억제하면서 남편에게 절대 복종해야 한다든가, 또한 가정을 꾸려 가기 위한 갖가지 걱정들과 거기에 뒤따르는 책임 등 ….

1532년에 그녀는 중병에 걸려 아버지의 집으로 돌아가야만 했다. 거기서 그녀는 주부의 역할을 다하였다. 좀 엄격하기는 하지만 매우 신심깊은 베드로 숙부 댁에 얼마 동안 묵게 되었을 때 그는 데레사에게 하느님에 대한 이야기를 들려 주거나, 신심 서적을 읽게 했다. 이 일은 그녀에게 "어릴 때 배운 진리를 재발견하는 데" 도움이 되었다. 그녀의 오빠 페르난도는 인도로 막 출발하려던 중이었다. 그녀는 아직도 결정하지 못하고 있었다. "수녀가 되기로 결심하기 전에 나는 그 신분이 최선의 것이고, 가장 확실한 것이라는 것을 인정하고 있었습니다." 양가의 총명한 규수에게 보장되어 있는 행복한 미래가 눈앞에 보였다. 더구나 누구에게나 사랑받는 열여덟살 미모의 처녀가 어떻게 쉽사리 그 행복을 포기할 수 있겠는가? 그녀의 마음속 깊은 데서 들리는 하느님의 부르심은, 감각적인 매력에 사로잡혀 현세의 행복이 부르는 강한 소리에 묻혀 들리지 않게 되었던 것이다. 그녀는 수도생활의 선택을 결심하도록 자기를 설득시키려 했다. 자기의 마음을 억지로 그쪽으로 밀어가고 있었던 것이다. 석 달 동안 계속된 이 심적 투쟁은 너무나 격렬하여 또다시 "열과 심한 쇠약 증세"를 동반한 병에 걸렸다. 드디어 영원한 행복에 대한 소망이 "자기가 당연히 받을 것으로 생각되던" 지옥에 대한 두려움에 자극을 받아 그녀 안에서 승리를 거두었다. 그러나 그 일을 아버지께 말씀드렸을 때 아버지는 허락하지 않았다. 친구들이 거들어 주었지만 헛일이었다. 알론소는 다만 자기가 죽은 다음 마음대로 하라고 했다. 무엇이나 한번 말한 것은 취소하지 않는 데레사였으나, 즉시 실행에 옮길 수 없는 이 일을 두고 시간이 흐름에 따라 자기의 결심이 약해지는 것에 두려워하고 있었다. 그것은 현세의 행복과 즐거움에 대한 자연스런 집착이기도 했다. 어릴 때부터의 놀이 상대였던 로드리고 오빠가 1535년 8월 인도로 출발하기까지 이 년 동안 그녀는 그대로 집에 머물러 있었다. 그러나 1535년 11월 2일, 한 형제와 함께 그녀는 북쪽 성벽 바깥쪽에 위치한 그리고 아자트 강의 맞은편 낮은 언덕 위에 있는 강생 가르멜 수도원으로 새벽같이 집을 떠났다. "나는 아버지의 집을 떠나 올 때 참으로 괴로웠던 일이 생각납니다. 죽을 때도 이보다는 더 괴롭지 않으리라고 생각했습니다. 온몸의 뼈 마디마디가 무너나는 것 같았습니다. 아버지와 친척들에 대한 사랑을 이겨낼 만큼의 하느님께 대한 사랑을 나는 아직 갖고 있지 않았기에 모든 것이 내게는 퍽 괴로웠습니다. 만일 하느님의 도우심이 없었더라면, 내 생각대로 진행시키지 못했을 것입니다. 하느님은 내게 자기를 이겨낼 용기와 내가 그 일을 실행하는 것을 허락해 주셨습니다."

데레사가 그녀의 인생에서 이 두번째의 단계로 내딛기 시작한 것은 스무살 때였다.

강생 가르멜 수도원에서

데레사가 들어간 이 수도원은 1478년 경건한 부인들에 의해 시작되어, 1432년에 에우제니오 4세 교황에 의해 완화된 회규를 채택하여 1510년에 가르멜 수도원이 되었다. 완화되었다고는 하지만 그곳의 회규는 엄했다. 그러나 제3회 부인들 공동체로부터 시작된 이 수도원은 비교적 완화된 습관은 남아 있어서 수녀들은 봉쇄를 지키지 않았고, 각자는 자기 재산으로 수도원 안에서 살고 있었다. 부유층의 수녀들을 위해서는 작은 아파트 같은 두세 칸의 공간이 주어졌고, 그다지 재산의 혜택을 받지 못한 수녀들은 공동 침실을 쓰면서 공동으로 생활하고 있었다. 그러나 실제로 대부분은 가난하여 회사로써 생활했으며 때로는 필요에 따라 가족이나 친구들한테 오랫동안 머물기 위해서 외출하기도 했다. 또한 그녀들은 은인들과의 친분 관계를 유지하기 위해 수도원 응접실에서 오랜 담화로 시간을 보내는 때도 있었다.

완전하지는 않았지만, 비교적 잘 정리된 수도원에서 데레사는 열심히 그 새로운 생활의 의무를 다하고 있었다. 그녀는 수도생활로 들어서자마자 "하느님을 섬기기 위해서 자기를 이겨낼 줄 아는 이에게 하느님이 얼마나 잘 보답해 주시는가"를 뼈저리게 체험했다. "하느님은 내 영혼의 목마름을 당신께 대한 더할 수 없는 애정으로 바꾸어 주셨습니다." 천성적으로 외향적이고 활동적인 그녀는 영적 세계의 풍요함을 발견하고 깜짝 놀란다. 분명히 어렸을 때에도 신앙을 통해서 어렴풋이나마 그것을 감지하고는 있었다. 그러나 그녀는 그 무한한 가능성을 생각해 볼 수가 없었다. "어디서 그것이 생겼는지를 알지 못한 채" 데레사는 자기 안에 솟아나기 시작한 이 샘에 감탄할 뿐이었다. 영적 생활을 시작한 이들의 특징인 이 첫 기쁨을 경험하면서 데레사는 자기 내면의 진실된 세계 안에 들어가 있음을 깨닫고 있었다. 훗날 그녀는 그곳을 하느님께서 거처하시는 "무한히 풍요로운 궁전"에 비유한다.

그러나 서원하고 얼마 뒤, 즉 2년 후에 그녀의 예민한 체질은 "환경과 음식의 변화"와 고행으로 말미암아 나빠져 중병에 걸리고 말았다. "거의 언제나 나는 의식을 잃고 있었습니다." 아빌라의 의사들의 치료가 아무 효과가 없자 매우 상심한 아버지는, 그곳에서 60㎞쯤 떨어진 베세다스에 사는 여자 치료사에게로 그녀를 데리고 가기로 결정했다. 1538년 가을 데레사는 아버지와 동료 수녀인 요한나 수아레즈와 함께 수도원을 떠나 가스틸르의 마리아 언니 집으로 갔다. 치료는 봄부터 시작할 예정이었으므로, 언니 곁에서 겨울을 지내기 위해서였다. 이 세 사람은 도중에 오르디고자에 살고 있는 베드로 숙부 댁에 들렀다. 베드로는 조카 데레사에게 1527년 톨레도에서 출판된 책 한 권을 주었다. 〈에스파니아식 초보의 제삼부〉라는 제목이었다. 저자는 프란치스꼬회의 오수나 수사로서, 영적인 표현을 알파벳 순서로 말해 나가면서, 묵상기도라 불리는 개인적 기도의 방법에 대해서 설명하고 있었으므로 〈초보〉라는 제목이 붙은 것이다. 그는 그 책에서 "레고지도스"라는 단체가 있던 그 시기의 영성가들이 널리 사용하고 있던 잠심의 방법을 설명하고 있었다. 그 방법이란 자기 자신 안에 들어가는 것, 바깥 세계에 대해서 "자기를 장님, 귀머거리, 벙어리로 만들 것"과 하느님께만 마음의 눈길을 돌리고, 여러 가지 쓸데없는 잡념이라든가, 영상에서 벗어나기 위해서 "아무것도 생각지 않는" 것이었다. 이 가르침은 데레사가 후일에 반대한 몇 가지의 위험을 안고 있기는 했지만, 설명하고 있는 주관은 그녀에게 매우 적합하였다. 그것은 사상적 논리의 연결보다는 오히려 영혼의 정서적인 자세의 중요성을 강조한 것으로, 하느님을 향해 가는 단순한 방법에 대한 서술이었다. 참으로 이상하게도 수도생활을 삼 년 동안이나 한 데레사가 "어떻게 묵상기도를 하는지, 어떻게 잠심을 하는지, 나는 알 수가 없었습니다"라고 말하고 있다. 사실상 그녀가 배운 기도 방법에 성공하지 못했던 것이다. 그 방법은 "자기 죄에 관해서 묵상하고, 우리 주님의 고통의 신비에 대해 묵상하는 것"이었다. "하느님은 내게 이해력과 깊이 생각하는 재능도, 그리고 상상력을 이용하는 재간도 주시지는 않았습니다"라고도 말한다. 그러므로 오수나의 책에 대단한 흥미를 가졌다. "나는 이 길을 걷는 데 온 힘을 기울일 결심을 했습니다."

그것은 데레사의 생애에 결정적인 역할을 했다. 오수나의 방식에 따라 열심히 잠심하였을 때 그녀는 처음으로 신비적인 체험을 하게 되었다. 하느님은 그녀의 마음속 깊이 당신의 현존을 느끼게 하시어, 하느님을 위한 사랑에 그녀 자신을 전적으로 내맡기도록 이끌어 주셨다. 그것이 어떤 모양으로 이루어졌는지 분명하지는 않으나, 어떤 때는 그녀의 의지가 마치 도취한 것처럼 하느님 안에 빨려들어 가고 또 어떤 때는 그녀의 전 존재가 말할 수 없는 힘에 의해서 사로잡히는 것이었다. "주님은 이 길로써 내게 아주 굉장한 은혜를 주시기 시작했습니다. 내게는 그런 것이 도대체 무엇인지도 잘 모르는 상태에서 나를 정온의 묵상기도, 때로는 일치의 묵상기도에까지도 이르게 해주셨습니다."

이 체험은 참된 계시였다. 위격적인 하느님과의 직접적인 만남은 이 세상에서도 이미 가능하였다. 더구나 이 현존을 누리는 행복은 그것을 받고 싶어 노력하는 이들의 바로 눈앞에 있었다. 그 특권을 받는 방법은 묵상기도였다. 그녀는 초기에 그 내면의 왕국으로 통하는 입구를 찾아내어 풍요로움과 무한함을 발견했다. "묵상기도는 주님이 내게 주신 참으로 위대한 은혜의 문입니다. 그 문이 닫혀져 버린다면, 주님께서 어떻게 내게 그 큰 은혜를 주실는지 모르겠습니다." 사람이 만일 그 문으로 들어가지 않는다면, 자기 자신의 외면에만 머물고 무한한 보화를 놓치는 것이 된다. 이후에 그녀의 내적 생활, 활동력, 그녀의 가르침, 그녀의 전 존재들은 묵상기도의 실천을 위한 기초가 될 것이다. "인생에서 묵상기도보다 뛰어나 보이는 것은 아무것도 없습니다." 그녀의 모든 영성생활은 거기서 시작되어, 거기에 귀결되었다. 참으로 아빌라의 데레사의 영적·인간적인 "성공"은 그 묵상기도에서 비롯되었다고 말할 수 있다. 그것을 발견한 그녀는 사람들에게 전하지 않고는 못견뎠다. 처음부터 그녀는 사람들과 교제하여 그들에게 영향을 주려는 원의를 품고 있었다. 로드리고가 어린 데레사의 꾐에 빠져 도망가려고 했던 때처럼. 그녀는 다른 이들도 자기를 따르기를 원했다. 그래서 그녀는 수도원에 들어갈 때 한 형제에게 — 안토니오보다 요한이라고 생각하는 게 더 옳은 것 같다 — 수도자가 될 것을 승낙케 하는 데 성공했다. 그러나 지금 각별히 자기 둘레의 사람들을 도와 주려고 그녀를 충동하는 것은 그녀 안에서 솟구쳐 오른 하느님을 위한 사랑이라는 내면적인 힘이었다. "나는 묵상기도를 시작한 그때부터 다른 이들도 하느님을 섬기게 하려는 원의를 가졌습니다."

그러므로 1539년 4월에 베세다스에 도착한 다음, 그녀가 고백성사를 보던 그 지역의 주임신부와도 영석 대화를 나누고자 했다. 이렇게 젊은 수녀가 지닌 이토록 높은 덕에 감동되어 그 포로가 되어 버린 이 사제는 "그가 그때까지 빠져 있던 자기 영혼의 멸망 상태를 그녀에게 열어 보였던" 것이다. 그는 7년 전부터 어떤 부인과 사귀고 있었는데 그를 유혹한 부인이 주문이 씌어진 구리 우상을 지니도록 그에게 강요하고 있었던 것이다. 데레사는 이 사실을 알고 비참한 이 남자를 불쌍하게 생각했다. 이런 주문

같은 것은 절대로 믿지 않는 데레사는 그에게 그 부적을 버리게 하고, 그 구렁텅이에서 빠져나오게 하는 데 성공했다. 이 사제는 완전히 회심한 지 일 년 후에 죽었는데, 이 최초의 성공은 확실히 그녀에게 장래에 있을 개혁의 사도적 방향을 세우는 데 영향을 끼쳤다.

그동안 그녀는 주로 약초로 만든 하제를 사용하는 치료를 받아 왔다. 그러나 그 치료 방법은 그녀에게 전혀 맞지 않았다. 두 달 후, "이루 말할 수 없는 괴로움에 이 심장의 고통은 더해 갈 뿐, 때로는 날카로운 이빨로 심장을 도려내는 것 같은 아픔이었습니다. 다들 광견병이 아닌가 하고 두려워했습니다". 그녀는 유동식밖에는 아무것도 넘길 수가 없었다. 식욕은 떨어지고 열이 계속되고, 밤낮으로 통증을 동반하는 신경성 경련 … 이런 중한 증세는 언제나 명랑했던 데레사를 드디어 깊디깊은 슬픔의 구렁으로 밀어넣고 말았다.

아버지는 데레사를 집으로 데려가기로 결심했다. 그녀를 진찰한 아빌라의 의사들은 병명을 불치의 폐결핵으로 진단했다. 그녀는 1539년 8월 15일에 혼수상태에 빠져, 내리 나흘 동안 마치 죽은 사람과도 같았다. 사실 사람들은 그녀가 죽었다고 생각했다. 그러나 비탄에 잠긴 아버지 알론소는 그녀를 매장하는 것을 절대로 용납하지 않았다. 왜냐하면 그는 아직도 희망을 버리지 않고 있었기 때문이었다. 그후 데레사는 의식을 되찾았다. 그러나 살아 있다고는 하지만 아직 회복된 것은 아니었다. "몸은 열 때문에 굽어서 공처럼 둥글게 되고, 나는 완전히 죽은 사람처럼 팔과 다리며 손과 머리를 조금도 움직일 수가 없었습니다. 참을 수 없을 정도로 온몸이 아픈 나에게 다들 어떻게 손을 써야 할지 모르는 것 같았습니다. 겨우 내 홑이불의 양끝을 붙잡고 내 몸의 위치를 바꾸어 주는 게 고작이었습니다."

그런 상태임에도 불구하고 그녀는 계속 수도원에 데려다 달라고 간청했던 것이다. 그녀는 야위어서 이젠 "뼈와 가죽"만 남았다. 상태가 얼마쯤 좋아지기는 했으나 거의 삼 년 가량 그녀의 몸은 마비되어 움직이지 않았다. "내가 처음으로 기어다닐 수 있게 되었을 때, 나는 하느님께 감사를 드렸습니다." 그동안 그녀는 줄곧 놀랄 만한 인내를 보여 주었으며 "모든 것을 하느님의 성의에 따르고 있었습니다." 그녀는 미소까지도 되찾았다. 그리고 평생 마비상태가 계속되는 것까지도 평온히 받아들이고 있었다. 그 용감한 성품 때문에 언제나 결코 불평하는 일이 없었던 그녀는 끊임없이 행하고 있던 묵상기도에서 자기를 다스리는 힘과 크나큰 기쁨이 솟구치는 것을 느끼고 있었다. 주님께서 묵상기도를 통해 그녀에게 "하느님을 사랑하는 것"이 과연 어떤 것인가를 올바로 이해하는 은혜를 주신 것이었다. 사실 그 병과 기도와 깊은 참회로써 그녀 안에 어떤 변화가 일어났던 것이다. 그녀는 자기를 심화하고, 하느님을 위해 사는 것과 하느님을 섬기는 데 병고가 방해가 된다고 생각지 않게 된 것이다. 그녀는 주님을 찾는 데 인간의 어떤 상태도 참된 방해가 되지 않는다는 것을 알기 시작했다. 훨씬 후에 그녀는 이것을 더욱 깊이 이해하게 되었다. 중요한 것은, 그 생활 안에서 이루어지는 행복하거나 불행한 사건을 통해서 보여 주시는 하느님의 뜻을 완수하는 데 있는 것이다. "왜냐하면 인생이란 죽음이라든가, 또한 살아 있는 동안 일어나는 모든 사건을 두려움 없이 견디어 가는 것입니다."

데레사는 1542년 봄에 회복되었다. 그러나 사실은 완쾌된 것은 아니어서, 그후에도 죽는 날까지 여러 가지 병으로 고통을 받았던 것이다. 특히 이상한 구역질로 그녀는 매일 한두 차례씩 구토증을 일으켰다. 그러나 적어도 데레사는 정상생활로 되돌아왔다. 그녀는 수도원 안에서 또다시 활동하기 시작한 것이다.

거친 바다 가운데서

병실에서의 생활과 오랜 시간의 묵상기도에서 받은 은혜는 아직 희미하나마 그녀의 내면에 영적 균형을 만들어내고 있었다. 그러나 아직도 자신을 억제하는 데에 익숙지 못했던 그녀는 급속히 그 균형을 잃어 가고 있었다. 그녀는 묵상기도에 열중하면서 묵상기도에 포함되어 있는 요구를 아직 파악하지 못했다. 그녀는 절대로 대죄를 범하는 것을 용납하지 않았고, 마찬가지로 소죄라도 범한 채로 있을 수는 없었다. "이렇게 늘 조심하는 것은 내게는 불가능하게 여겨졌습니다." 그러나 수녀원의 자매들은 그녀에게 일어난 진보를 인정하고 있었다. "나는 평상시에 남에게 대해서, 아무리 작은 것이라도 나쁘게 말하지 않으려 했습니다. 나 자신이 남에게 그러한 취급을 받고 싶지 않다는 것을 결코 잊지 않았습니다." 다른 문제에 대해서는 "어떤 것은 대죄가 아니다"라는 고백신부들의 말에 안심하여 그녀는 그다지 마음에 두지도 않았다. 결국 그녀는 무엇을 고백했던 것일까? 그녀가 큰소리로 외친 그 중대한 대죄란 도대체 어떤 것인가? "하느님께서 내게 허락해 주신 이런 향연 다음에, 이렇게도 빨리 내가 걸려 넘어졌다고 누가 믿을 수 있었겠습니까?"

수녀들은 봉쇄를 지키고 있지 않았기 때문에 데레사도 외출하거나 가끔 세속 사람들과 응접실에서 이야기하기도 했다. 그것이 어찌 나쁜 일이겠는가? 그 일은 허락된 것이었고, 그녀가 모범으로 삼고 있던 수녀들도 그렇게 하고 있었다. 그러나 사실 그렇게 오래 계속되는 담화는 특별한 위험을 안고 있었으며, 응접실에서 사람들과 만날 때의 그녀는 자기의 가장 좋은 면과 가장 나쁜 면을 보여 주고 있었다.

이 점에 대해서, 그녀의 약점이 무엇이었는가를 이해하기 위해서 몇 가지 실례를 지적해야 할 것이다. 그녀가 아직 수련자였을 때, 어떤 사건에 대해서 부당한 비난을 받았으나 그것을 참고 있었다. 그러나 그녀는 "어떠한 고통도" 참을 수 있었으나 경멸과 모욕에는 견딜 수가 없었던 것이다. "무슨 일에서나 모욕과 같은 것을 참아 견디는 일 외에는 수도생활은 모두 내 마음에 들었습니다. 나는 남에게 존경받는 것이 기뻤습니다." 수도복을 몸에 두른 자만스러운 젊은 처녀는 "명예가 손상"된다거나, 또 그녀에게 주어지는 평가에는 극도로 예민했다. 흔히 있는 평범한 존경에는 만족하지 못하고, 자기를 돋보이게 하기 위해서 그녀는 세심한 주의를 기울여 수도회의 규칙을 지키는 데 전념하고 있었다. "교활하게도 나는 좋은 평가를 받기를 바라고 있었습니다. 그래도 나의 신앙심은 거짓이 아니었습니다."

그녀는 자기 안에 남의 마음에 들고 싶어하는 강한 원의를 갖고 있었다. 그녀가·아우구스티노회의 기숙 학교에서 나왔을 때, 베드로 숙부는 자기를 위해 신심서적을 읽어 달라고 그녀에게 부탁했다. "그 일이 내게는 조금도 기쁜 것이 아니었어도 나는 기쁜 척했습니다. 나는 남을 기쁘게 해주려고 늘 원하고 있었기 때문에 비록 그것이 나를 싫증나게 하는 일이라 해도 그랬습니다. …" 그녀는 이같은 천성을 죽을 때까지 간직하고 있었다.

이런 동정심과 이해력, 그리고 남에 대한 인간미 넘치는 자상한 배려는 더욱 그녀의 사교성을 한껏 발휘하게 했다. 그 자체로 그것은 결코 결점이 아니었다. 더구나 그녀는 애매모호한 태도를 취하는 사람이나, 반대자들을 자기 편으로 끌어들이는 데 그 사교성을 발휘했다. 그러나 그녀 스스로도 지나치게 사교적으로 행동했다고 생각하였던 것이다. "아무튼 이러한 소질이 다른 이에게는 덕이었을는지 모르지만 내게는 큰 죄였습니다. 왜냐하면 그 사교적인 행동으로 나는 때때로 진중함을 잃고 있었기 때문입니다." 사실 이 모든 사람들을 만족시키는 재능이나 남을 존중하는 이면에는 탐욕스러운 사랑의 요구가 숨겨져 있었다. "나는 모든 이에게서 사랑받으려는 대단히 강한 경향을 가지고 있었습니다." 그녀는 어디에서나 모든 이에게서 사랑받으려고 노력했다. 그리고 그녀는 그 방면에 특별한 재능을 가지고 있었다고 말할 수 있다. 즉, 천부적인 사랑스러움, 풍부한 지성, 섬세함, 경쾌함과 유머, 특별하게 뛰어난 설득력 등이다. 더구나 그녀는 사랑에는 사랑으로서 응답하지 않고서는 견딜 수가 없었다. 그녀는 훨씬 후에 이것을 인정하였던 것이다. "나는 내게 해가 되는 큰 결점을 가지고 있었습니다. 누군가 내게 애정을 품고 있다고 느끼자마자, 만일 그가 내 마음에 들면 내 마음은 그 사람으로 가득 찰 만큼 그 사람에 대해 열중하고 맙니다. … 그 일로 내 마음이 온전히 혼란에 빠질 정도로 그것은 내게 있어 불행한 일이었습니다."

강생 수도원 응접실에서 매력적으로 행동하면서 그녀가 걷고 있던 이 대단히 위험한 길을 지금 우리는 이해하게 된다. 그녀는 자기 자신의 이러한 습성으로 우정의 그물에 걸려들어 그녀의 아름다움과 말솜씨에 마음을 빼앗긴 귀족들 중 한 사람에게 더 특별한 애정을 느끼게 되어 버렸던 것이다. 이렇게 해서 그녀는 조금씩 미끄러져 내려가게 되었다. "기분풀이에서 기분풀이에로, 헛됨에서 헛됨에로, 죄의 기회에서 죄의 기회로, 내 마음은 이렇듯 큰 허영심으로 거칠어지는 대로 내버려 두었습니다." 그래도 "허락 없이 무슨 일을 할 만큼 멋대로 행동하지는 않았습니다. 예컨대 작은 틈 사이로나, 벽 너머로, 혹은 밤의 어둠을 이용해서 은밀히 속삭이거나 하는 일 … 나는 결코 그런 짓은 하지 않았습니다. 왜냐하면 하느님께서 손수 나를 붙잡아 주셨기 때문입니다". 이런 상태로는 그녀의 열심도 점점 약해질 수밖에 없었을 것이다. "내 죄가 더해 감에 따라, 선행을 했을 때에 느끼는 기쁨이 점점 줄어들었습니다."

그녀는 자신이 다른 이들보다 더 잘하고 싶다는 교만한 마음에서 이렇게 하게 되었다고 스스로 말한다. 그녀는 하느님께 대한 희망과 애정의 욕구 사이에서 헤매면서, 회규가 명하는 모든 것을 충실히 이행하는 것으로 수도생활의 본질적 조건을 지킨다고 생각하고 있었다. 그리고 그밖의 생활은 응접실에서의 세속적인 교제로 채워졌다. 실제로 나누어져 있던 것은 그녀의 시간이 아니라 그녀의 영혼이었던 것이다. "영적 생활의 기쁨, 그 맛스러움, 그런 것과 감각적인 즐거움이 서로 어떻게 용납될 수 있겠는가. 그러나 나는 상반되는 이 두 가지를 은근히 타협시키려고 바라고 있었던 것으로 생각됩니다."

그녀는 인간적 사랑과 하느님을 향한 사랑, 이 두 사랑의 법칙에 대해서는 잘 알지 못하고 있었다. 그 법칙이란 모든 것을 스스로 자기 안에 흡수해 버리려는 경향인 것이다. 그러므로 시간이 지남에 따라, 하느님을 향한 마음과 세속을 향하려는 이 마음의 갈등을 감당할 수 없어 그녀는 참으로 순교의 고통을 맛보았다. "나는 그것이 우리에게 주어지는 가장 쓰라린 삶의 하나라고 말할 수 있습니다. 왜냐하면 나는 하느님과 즐기지도 않고,

그렇다고 이 세상사가 조금도 나를 만족시킬 수가 없었기 때문입니다. 세속적인 즐거움이 한창일 때, 나는 하느님에 대한 부채감 때문에 슬퍼했습니다. 내가 하느님과 함께 있을 때 지상의 애정은 나를 불안하게 했습니다."

이처럼 정직한 데레사는 이러한 마음의 상태가 옳지 않음을 뼈아프게 느꼈으며, 특히 그녀가 하느님과만 함께 있을 때는 더욱더 그러했다. "나는 성당에 들어갔을 때 있는 용기를 다 내어 이 커다란 슬픔을 억제해야만 했습니다. 그러나 모두들 내가 많은 용기를 가지고 있다고 말하고 있었습니다." 드디어 그녀는 약 일 년 동안(1543~1544) 묵상기도를 할 수가 없게 되어 버렸다. 그러나 유별난 그녀의 성격은 자기는 묵상기도를 그만두었어도, 주위 사람들에게는 묵상기도에 대한 높은 평가를 나누어 주고 싶어했다. "나는 스스로 그것을 실행하는 방법을 잘 알면서도 하느님께 봉사하지 않았으므로, 하느님께서 내게 가르쳐 주신 방법이 헛되지 않도록 내 대신 다른 사람들로 하여금 하느님을 섬기게 하고 싶었던 것입니다."

특히 아버지는 딸에게서 배운 것을 잘 지키고 있었다. 알론소는 가끔 사랑하는 딸을 만나러 와서 그녀의 지도로 묵상기도를 시작하여 5,6년 동안에 굉장한 진보를 하였다. 데레사는 자기는 묵상기도를 하고 있지 않으면서 마치 하는 것처럼 아버지가 믿도록 한 것이 괴로워서 드디어 자기의 건강 때문이라고 건강을 핑계삼아 고백했다. 아주 정직했던 아버지는 딸의 말을 믿었다. 그것은 그녀를 더욱 부끄럽게 했다. 알론소가 중병으로 쓰러졌을 때, 데레사는 그의 머리맡으로 달려갔다. "만일 아버지가 돌아가신다면 나는 모든 보화, 모든 행복을 잃게 된다는 것을 알고 있었습니다. 왜냐하면 아버지는 나의 전부였기 때문입니다." 1543년 12월 24일 그가 죽었을 때, 그녀는 자기의 "영혼을 도려내는 듯한 느낌"이었다고 했다.

데레사가 이 세상에서 가장 사랑하던 것이 알론소와 더불어 사라지고 말았다. 이 크나큰 애정의 소멸이나 그녀가 느낀 내심의 공허, 그리고 또 데레사에게 배운 것들을 충실히 지키던 그 덕스럽던 아버지의 모범들이 양심의 문을 두드려 그때까지 빠져 있던 모호한 태도에서 떨치고 일어날

계기가 되어야 했는데, 불행하게도 강생 수도원의 고백신부들이나, 수많은 친구들, 거기에다 그녀가 참으로 영향을 받기 쉬웠던 주위의 환경도 세속적인 교제를 당연한 것으로서 받아들이도록 그녀에게 권면하고 있었다. 다만 그녀의 친척이 되는 연만한 한 수녀를 빼놓고는— 때때로 그 수녀는 데레사에게 충고해 주었다. "나는 그 말을 듣지 않았을 뿐만 아니라, 그녀에게 화까지 냈습니다. 나는 그녀가 이유 없이 비난한다고 생각했기 때문입니다."

그럼에도 불구하고 그녀 아버지의 고백신부였던 도미니꼬회 수사 빈첸시오 바론 신부의 깊은 신앙과 학식에 감화되어 그녀는 점차로 그에게 마음을 열어 보이게 되었던 것이다. 그는 2주간마다 성체를 모시게 함으로써 그녀에게 더욱 용기를 주었으며, 그리고 1544년 초에는 또다시 묵상기도를 시작하도록 권유하였다.

수도원의 동료들은 그녀를 좋은 수녀로 여기고 있었고, 사실도 그러하였다. 그러나 그녀 자신은 마음속 깊이 더욱 완전한 생활에로의 부르심을 느끼고 있었던 것이다. 그녀는 "건강에 큰 영향을 미칠 만큼" 전력을 다해 열심치 못한 것들에서 해방되려고 노력하였다. 그러나 노력은 헛되었다. 그녀의 활력과 곧은 성격을 생각해 볼 때, 확실히 이런 "우정이나 애정"은 그녀의 강한 천성적 요구에 대응하는 것이었다.

회 심

데레사가 자기 힘만으로는 이 문제에서 벗어날 수 없었다는 것은 분명하였다. "나는 약을 찾고 있었습니다. 나는 전심전력했습니다. 그러나 만일 나 자신을 버리고 온전히 하느님께 자기를 맡겨 버리지 않는다면, 그것은 그다지 도움이 되지 않는다는 것을 미처 모르고 있었습니다. 나는 살기를 바라고 있었고, 가치있는 생활을 하고 있지 않다는 것을 잘 알면서도 그러나 나는 죽음의 그림자와 싸우고 있었습니다. 하지만 내게 생명을 주는 사람은 아무도 없었고, 나는 스스로 그것을 얻을 수가 없었습니다."

달리 말하자면 하느님의 개입이 필요하였던 것이다. 데레사는 그 시기에 관해서 그다지 확실한 것을 말하고 있지는 않으나 하느님의 활동은 그녀 안에서 점차로 진행되고 있었다. "어느 날 나는 얼마 전에 알게 된 어떤 분과 함께 있었습니다. 하느님은 이 우정이 내게 바람직하지 않다는 것을 깨우쳐 주시려고 그때까지 눈멀었던 나를 비추려고 하셨습니다. 그리스도께서는 엄한 얼굴로 나타나셔서 그 일로 얼마나 상심하고 계신가를 나에게 깨우쳐 주셨습니다. 나는 육안으로보다도 더 똑똑히 영혼의 눈으로 그것을 보았습니다. 그때에 내가 받은 인상은 스물 여섯 해가 지난 지금까지도 아주 눈에 선할 만큼 강한 것이었습니다. 그때문에 나는 무척 두렵고, 마음이 몹시 불안하여 그때 나와 함께 자리한 그분과 다시는 만나지 않겠다고 생각했습니다."

　그녀는 차마 이 일을 아무에게도 말할 수 없었다. 그리고 그때의 충격도 점점 사라져 가자 그것이 자기의 상상이었거나 혹은 악마의 수작이 아닐까 하고 자기에게 납득시키고 있었다. "무엇을 보는 것은 육안으로밖에는 볼 수 없다고 생각했기" 때문이었다. 그래서 그녀는 얼마 지나자 또 그런 담화나 그밖의 일을 다시 시작하였다. 이같은 반응으로 미루어보아 데레사는 이런 현상에 대해서는 그다지 쉽게 믿지 않는 경향이 있었던 것 같다. 그러나 얼마 후에 그녀는 다시 한번 다른 경고를 받았던 것이다. "어느 날 내가 그 손님과 함께 있는데 그곳에 있던 다른 사람들도 그것을 보았습니다. 마치 한 마리의 큰 두꺼비 같은 것이 보통 두꺼비가 기는 것보다도 훨씬 빠른 속도로 우리를 향해 다가오고 있는 것을 보았습니다. 이러한 괴물이 대낮에 어디서 나왔는지 알 수가 없었고, 지금까지 아무도 그것을 본 적이 없었습니다. 그런데 그것이 내게 준 인상은 무엇인가 신비스러웠습니다. 따라서 나는 이 사실을 도무지 잊을 수가 없었습니다." 이때 그녀 아닌 다른 사람들도 이 이상한 일을 보았던 것이다. 그녀는 그리스도의 환시를 그다지 마음에 두지 않았던 것처럼 이 이상한 일에도 주의를 기울이지 않았다.

그러나 태연하려고 했는데도 불구하고 이 사건은 그녀 마음에 충격을 주었다. 습관이 되다시피 한 애착의 사슬은 세월이 감에 따라 그녀에게 더욱더 무거운 짐이 되어 왔으나, 단번에 끊으려 해도 그것은 그녀 안에 너무 깊이 뿌리를 내리고 있었다. 그녀는 자신의 나약함을 부끄럽게 여겼고, 용기 없는 자기 자신이 안타까워 하느님께 도움을 간청하고 있었다. 이처럼 "세속 일"에 대해서 그렇듯 완전히 기울어져 있던 그 시기에도 그녀는 영적 면에서의 자기 의지와 힘의 한계를 잘 알고 있었던 것이다. 묵상기도를 계속하기 위해 초인적인 용기를 보이면서 묵상기도에 대한 그같은 충실함이 하느님 은혜의 결과임을 그녀는 깨닫고 있었다. 뼈에 사무칠 만큼 쓰라린 자기의 비참함에 대한 의식 밖에는 이렇다 할 결실도 얻지 못한 채, 그러나 영웅적인 인내심은 그녀를 사로잡거나 각성시켜 주는 설교와 독서에 의해서 그녀의 마음을 회심토록 조금씩 준비시켜 갔다.

그녀는 참으로 많은 책을 읽고 있었다. 그러나 거기에서 그다지 많은 것을 받아들이지는 않았다. 이는 그녀 스스로도 말하듯이 "기억력이 나쁘기" 때문이 아니라 사상의 형성, 특히 추상적인 전개 또는 지적인 치밀함 등에 대해서 그녀가 흥미를 느끼지 못했기 때문이다. 그녀는 참으로 실제적인 여성이었다. 무엇보다 먼저 그녀가 찾고 있던 것은 그것이 직접 자기 생활에 보탬이 되는 것, 즉 하느님을 더 잘 알고 사랑하는 데 구체적으로 도움을 주는 것들이었다. 그녀는 마음에 드는 것이라면 당장 자기 안에 받아들였다. 그러고는 그것을 어느 책에서 읽었는지 좀처럼 생각해 낼 수가 없었다. 그녀의 독특한 천성은 그 어떤 저자를 흉내내려는 의도는 없었다고 덧붙이고 싶다. 어쩌다 그녀가 어느 저자의 것을 대충 기억하는 것만으로 인용한 것은 자기가 말하고자 하는 것을 자기보다 더 훌륭한 저자의 이름을 빌어 강조하고 싶어서였다. 베드로 숙부가 그녀에게 읽기를 권했고, 그녀 자신도 수도원 쪽으로 마음을 돌리기 위해 또다시 읽기 시작한 성 예로니모의 〈서간집〉은 훗날 수도원에서 수녀들을 직접 지도할 때 큰 도움이 되어 주었다. 성 대 그레고리오의 〈교훈〉에 있는 욥서의 주해에서 말하는 위대한 욥의 이야기도 그녀가 병고를 견디어내는 데 힘이 되어 주었다. 무의식중에 그녀는 욥의 이야기를 몇번이고 마음에 새기고 있었다. 오수나의 〈에스파니아식 초보의 제삼부〉에서 그녀가 어떤 유익함을 얻었는지도 우리는 알고 있다.

이 내면적 싸움의 시기 - 1555년 이전 - 에 그녀는 샬트르 회원이었던 삭소니아의 루돌프 의 저서인 〈그리스도의 생애〉나 그리고 그녀의 기도책인 가스틸르어 번역을 통해서 조금 알고 있었던 성서 외에도 1536년 세빌리아에서 출판된 〈준주성범〉을 읽고 있었던 것이 분명하다. 그리고 프란치스꼬 회원이었던 마드리드의 알론소의 소품 〈하느님을 섬기는 기술〉(알칼라, 1526)도 읽었다. 출판 이후 대단한 호평을 받았던 이 책은 어떻게 완덕에 도달하는가를 말해 주고 있었다. 그녀는 이 책과 함께, 도미니꼬회 회원이었던 그라나다의 루이스에 의해 저술된 유명한 〈죄인들의 인도 및 묵상기도와 묵상의 교본〉도 읽었을 것이다. 이 루이스의 책은 매주간에 따라 묵상의 주제를 서술하고 있다.

그녀가 영적 무기력에서 벗어나는 데 결정적인 역할을 한 것은 성 아우구스티노의 〈고백록〉이었다. 이것은 도스가나의 세바스티안의 새로운 번역(살라망까, 1554)이 출판되자마자 누군가가 그녀에게 준 것이었다. "이 〈고백록〉을 읽는 순간 나는 내이야기가 썩어진 게 아닌가 의심할 정도였습니다. 나는 이 영예로운 성인에게 나를 도와 주십사고 부탁했습니다. 그 회심의 이야기에서, 그가 과수원에서 어떻게 주님의 음성을 들었는가 하는 대목을 읽었을 때 내 마음도 감동되어 주님께서 나에게도 그런 음성을 들려 주신 것같이 느꼈습니다. 깊은 슬픔과 낙담으로 나는 오랫동안 눈물에 젖어 있었습니다."

거의 같은 시기 - 1554년 말이거나 1555년 초기 - 에 또 하나의 사건이 그녀의 회심을 마무리지었던 것이다. "어느 날 내가 기도소에 들어갔을 때 일어난 일인데, 나는 거기 놓여진 한 성상을 보았습니다. … 그 성상은 온몸이 상처투성이인 그리스도의 모습이 너무나 잘 나타나 있었습니다. 그것을 본 나는 내 영혼의 밑바닥부터 뒤흔들릴 듯한 강렬하고 경건한 열정을 느꼈습니다. 그 상처가 말해 주는 헤아릴 길 없는 사랑에 나는 얼마나 온당치 못한 보답을 해왔는가를 생각할 때 너무나 격심한 슬픔에 짓눌려 내 마음은 산산이 부서지는 듯했습니다. 나는 나의 구세주의 발 밑에 엎드려 폭포 같은 눈물을 흘리면서 제발 주님의 마음을 상해 드리지 않게 힘을 주십사고 애원했습니다."

그녀에게 결정적인 충격을 준, 우연하게 일어난 것 같은 이 두 사건으로 그때까지 헛되이 싸운 세월들을 자기 나름대로 더욱 잘 이용할 각오가 된 데레사는 드디어 그 생애의 제3단계로 들어가게 되었다. 그녀의 영적 향상의 출발점은 이 두 사건 가운데서 자기의 비참을 마음속으로부터 자각한 데에 있었다. 그것을 우리는 확실히 인정할 수 있다. 그녀는 대죄를 지은 성녀 마리아 막달레나보다도 자기가 더 선량한 인간이라고는 생각지 않았다. 그녀는 또한 성 아우구스티노에게도 마음이 끌리고 있었다. 왜냐하면 그도 역시 대죄를 범한 사람이었기 때문이었다.

그녀는 자기의 나약함이라든가 천성이 무능하다는 자각을 내적 생활의 진보를 위한 기초로 삼으면서 이 교훈을 유지해 갔던 것이다. 그것은 병적인 자기 분석이라든가 자기 관찰에 의한 것이 아니라, 그리스도께로 향한 시선에서 얻은 것이었다. 하느님의 현존을 자기 안에 더욱 뚜렷이 느꼈을 때 그녀는 자기의 행동이 불완전했을 뿐 아니라, 그 행동들의 원동력이 그녀 안에서, 하느님의 거룩한 신성의 깨끗함과는 비교도 안될 만큼 불완전으로 더럽혀져 있다는 것을 발견하였다. 이 시기에 이르기까지 여러 해 동안 그녀는 용감하게도 하느님이 원하시지 않는 것은 자기도 원하지 않기로 노력해 왔다. 이제야 그녀는 하느님과 함께, 하느님 안에서 원하고, 오히려 하느님의 뜻에 자기 의지를 일치시켜야 한다는 것을 잘 이해하게 되었다. 그러나 그녀의 내적 변화는 한순간에 실현할 수 있는 것이 아니었다. "나는 묵상기도에 더 많은 시간을 보내기 시작했습니다. 그러나 그것은 나에게 장애가 될 가능성이 있는 것들을 온전히 포기하는 것이 아니라 거기에 마음을 쓰지 않기로 생각하고 시작했던 것입니다." 이 일은 16년 전, 즉 그녀가 묵상기도를 시작했을 때 맛보았던 하느님의 체험을 아주 짧은 시간에 또다시 맛보게 해주었다.

그녀가 결심한 대로 기도와 고독을 잘 지켜감에 따라서 신비적인 은혜도 그만큼 깊어지고 증대해 갔다. 그러나 이 고독은 아직 불완전한 것이었다. 이는 그녀가 여전히 얼마간의 세속적인 우정을 보존하고 있었기 때문이다. "하느님이 내 안에 계시고, 또 내가 하느님 안에 온전히 잠겨져 있음을 도저히 의심할 수 없는 상태로, 하느님 현존의 느낌이 갑자기 일어났습니다."

하느님께 대한 희망과 정열의 새로운 힘이 그녀에게 솟아올랐다. 그러나 그리스도의 신비를 묵상할 때에 점점 더 느껴지는 그녀의 이 무력함은 도대체 무엇을 뜻하는 것일까? 그녀는 바른길로 가고 있는 것일까? 그녀는 혹시나 자기가 망상에 시달리고 희롱당하고 있는 것이 아닌지, 또는 더욱 나쁜 일로서는 그것이 악마의 짓이 아닌가 걱정하기 시작하였다. 하나의 폭풍이 가라앉은 다음에는 또 다른 폭풍이 엄습해 왔던 것이다.

선의의 사람들의 반대

마침 그 무렵에 "악마에게 속은 부인들의 소문"이 아빌라에도 흘러들어 왔다. "그러므로 나도 때때로 기도하는 동안에 대단한 감미로움과 즐거움을 느끼고 있었으므로, 그것이 하느님으로부터 오는 것인지, 또는 악마에게서 오는 것인지 몰라 두려워하고 있었습니다."

여기서 우리는 16세기의 에스파니아에서는 세속적인 문화와 종교적인 문화가 놀랄 만큼 진보했음을 상기하지 않으면 안된다. 이 지적·정신적인 고양에 대응하여, 한편 거의 같을 정도로 강한 종교적인 열정이 있었다. 이 종교적인 열정을 신비주의의 방향에로 향하게 하는 데 에라스무스 저서의 번역이 한몫을 한 것이다. 신앙의 진리가 방방곡곡에까지 미치고 있던 사회에서는 열심한 이들이 줄곧 완전함을 동경하고 있었다. 이 "황금의 세기"에 에스파니아에서 공인된 성인들만도 열여덟 분이나 되었다는 것으로도 충분히 증명된 것이다. 즉, 공식으로 시성된 이들과 시복된 이들은 숫자상으로 거의 같았다.

이렇게 에스파니아 전체가 질주하고 있을 때에 어느 정도 지나친 일이 있었던 것은 부정할 수 없는 일이다. 왜냐하면 대학 교육을 받은 탁월한 지성인이 많았던 반면에 시골에는 무식하고 맹신적인 이들이 많아서 마법이나 악마의 미신이 대단히 만연되고 있었기 때문이었다.

이 세기의 초기부터 "조명론"이라고 불리는 영적 운동이 나타났다. 그 운동의 윤곽은 대개 기본적으로는 정당한 것이었다. 즉, 알룸브라도스라고 불린 사람들, 소위 조명을 받은 이들의 대부분은 내적 조명과 복음적 권고의 실천, 사랑과 겸손에 의해서 특히 묵상기도 생활과 성서의 인식으로써 완덕을 추구하고 있었다. 그러나 이 운동은 몇개의 단체로 나누어져 있었는데 거기에는 두 가지 주류가 있었다. 한편은 정신생활을 위해서 확실한 규칙을 만들려고 힘쓰며, 묵상기도와 잠심을 강조하는 "레고지도스"라고 하는 사람들, 즉 명상가들이고, 다른 한편은 사실은 이단인데, 규온 부인의 저 유명한 〈순수한 사랑의 교설〉을 생각케 하는 모든 활동을 그치고 자기를 온전히 부정하기까지 하느님께 전적으로 위탁하는 것을 강조하는 "데자도스"라고 하는 사람들, 즉 이단자들이었다. 이 후자의 과격한 방법에는 곧 종교 재판소가 개입하게 되었다. 그 당시 이 이단 심문은 루터파의 주장의 파급이 느껴지기 시작하고 있었으므로 더 한층 엄하게 취급되었다. 세빌리아의 성 글라라회의 십자가의 막달레나 수녀는 위대한 이단 심문관인 만리끄조차도 속았을 만큼 성덕 높은 수녀였는데, 그녀가 그때까지의 모든 예언이나 거짓 기적은 전부 악마와의 계약의 결과였다고 1544년 1월 1일에 고백했다.

행여 악마의 유혹에 빠져 있는 것이나 아닌지 걱정하고 있던 중이었던 데레사는 그 일을 생각하자 더 불안해졌다. 이것은 언제나 그녀가 걱정하던 일이었다. 아직 아무에게도 감히 밝혀 보이지 않았으나 그녀에게는 신비적인 은혜가 더욱더 커가고 있었던 것이다. "주님은 결점투성이인 사람들에게는 은혜를 주시지 않으며, 깨끗한 양심을 가진 이들에게만 은혜를 주신다"고 생각했던 데레사는 자신이 아직도 결점투성이의 인간임을 인정하였기에 자기가 그런 은혜를 받는 것을 몹시 두려워했다. 아직 그녀에게는 마지막 애착을 끊어 버릴 결심이 서 있지 않았다. 왜냐하면 데레사는 그 애착이 나쁜 것이라고 생각하지 않았기 때문이다. "하느님을 온전히" 기쁘시게 해 드리기 위해서는 거기에서도 벗어나지 않으면 안되었건만.

하느님께서 영혼을 더욱 완전히 당신께로 끌어들이기 위해서는 아직 불완전한 영혼이라도 특혜를 내리시는 일이 있다는 것을 그녀는 훨씬 후에야 알게 되었던 것이다. 이런 사실을 알지 못했던 그녀는 심한 불안에 사로잡히면서 자신에게 반문하였다. "내게 있어서 그것은 대단히 좋은 일이었는지도 모르겠고, 혹은 대단히 나쁜 일이었는지도 모르겠다는 것을 알게 되었습니다."

데레사는 자기가 그르친 것이 아닌가를 알기 위해서 충고를 얻으려고 결심했다. 그녀는 교회의 가르침에 자신의 체험을 비추어 보기를 언제나 원했고, 또한 앞으로도 그렇게 할 것이다. 존경하면서도 두려워하던 예수회 사제들에게 도움을 청하는 것을 데레사는 아직도 주저하고 있었다. 그래서 그녀는 시내에 살고 있던 교구 사제이며 가난한 이들의 설교가이기도 했던 제삼회의 지도자인 가스파르 다자 신부에게 도움을 받기로 결정했다. 가스파르 신부는 그의 헌신적인 행위로 아빌라 사람들에게 잘 알려져 있었다. 데레사는 그녀의 인척으로서 결혼하고서도 모범적인 생활을 하고 있는 사르세도의 프란치스꼬의 주선으로 가스파르 신부를 초대하였다. 그녀의 인척인 이 "거룩한 신사"는 이십 년 동안 아빌라의 도미니꼬 회원들로부터 신학 과정을 배우고 아내가 죽은 다음 그 회에 들어갔다.

그러나 가스파르 다자 신부는 신비를 이해하는 소질을 갖지 못했다. 의심을 품은 채 그는 데레사의 고백을 다 듣고는 시간이 없다는 구실로 고백성사 주기를 거절하였다. 사르세도도 다자와 같은 의심을 가졌지만 데레사를 이해하며 그녀에게 용기를 주고 있었다.

　자기 안에 일어난 사정을 잘 설명할 수 없었던 이때 데레사는 한 권의 책을 발견하였다. 그 책은 "하느님과 영혼과의 일치에 대해 서술되어 있었고, 그녀가 이미 아무것도 생각할 수 없었던 그 시기에 그녀 안에 일어난 모든 것을 다 묘사하고 있었다". 그것은 프란치스꼬 회원이자 의사인 라레도의 베르나르디노가 쓴 책으로 신비적 길의 단계를 묘사한 〈시온의 등반〉인데 1538년에 개정, 재판되었다. 그녀는 자기 자신의 체험을 가장 잘 설명해 주는 구절에 표시를 했다. ― 아마 그것은 완전한 관상에 있어서는 추리가 잘 안되는 이유를 말하고 있는 제3부의 27장이었을 것이다 ― 그리고 그 책을 다자와 사르세도에게 보냈던 것이다. 그들은 한 주간 동안 곰곰히 생각한 끝에 그녀 안에서 일하고 있는 것은 악마라고 단정했다. 그래서 그녀에게 예수회의 한 사제를 찾아가도록 권했다.

　데레사의 호소를 들은 고백 신부 세티나 디에고는 아직 젊었지만 즉시 그녀를 이해했다. 그리고 그녀 안에서 활동하는 것은 분명히 하느님의 영임을 보증하면서 데레사에게 용기를 북돋아 주었다. 그는 그녀에게 하느님의 자비에 응하는 데 전심하고, 묵상기도를 포기하지 말며, 그리스도의 수난을 그 묵상 토대로 삼아 고행을 하며, 그녀가 하느님 안에 깊이 빨려들어 가는 것을 느낄 때에는 가능한 한 저항하지 말라고 권고하였다. 그는 그녀를 죄어치지 않고 격려했다. "사랑으로써 내가 원하는 것 이외에는 그는 내게 아무런 의무도 지워 주지 않았습니다." 데레사는 수녀들이 알아차릴 정도로 현저한 진보를 했는데, 수녀들은 그녀가 "너무 지나치다"고들 여겼다. 그녀는 "하느님의 희열과 맛스러움"에 빨려들어 가려는 것을 억제하면서 오히려 더욱 자기가 하느님과 일치하고 있음을 깨닫고, 아주 사소한 여러 가지 일들에서도 하느님의 현존을 맛보고 하느님과 일치할 수 있었던 것이다.

　그런데 1554년 5월, 그 당시의 예수 회원으로서 교황청의 시찰관이었던 보르지아의 프란치스꼬 신부가 때마침 아빌라에 들렀다. 디에고 신부는 데레사가 프란치스꼬 신부와 만날 수 있도록 주선해 주었다. 보르지아의 프란치스꼬 신부는 그녀에게 디에고 신부의 지도가 올바름을 입증하고 안심시키면서 앞으로는 하느님 은혜의 인력에 더는 저항하지 말 것이며, 그러나 자기 편에서 그 인력을 찾는 일은 삼가도록 권고하였다.

그러나 이 불쌍한 데레사에게 있어서 괴로움은 아직도 끝나지 않았다. 디에고 신부가 다른 도시로 전임되었던 것이다. 이리하여 그녀는 전과 같은 나쁜 상태에 또다시 떨어지는 것이 아닌가 하는 불안함에 어찌할 바를 몰랐다. 그녀는 특히 영적 지도자로서 또 다른 예수회 사제가 필요했다. 이때 그녀는 아빌라에 사는 젊은 미망인인 울로아의 기요마르와 친하게 되었다. 이 미망인은 자기 집을 작은 수도원같이 개조하여 제삼회의 동료이며 엄격하기로 시에서 유명했던 마리아 디아즈와 함께 거기서 엄한 기도생활을 하고 있었다. 이 무렵 데레사는 건강이 그다지 좋지 않았으므로 가끔 이 부인의 집을 방문했는데, 그럭저럭 그곳에서 1555년부터 1558년까지 삼 년 동안 머물렀던 것으로 생각된다. 이렇게 수도원 밖에서 사는 동안에 그녀는 기요마르가 사귀고 있던 예수회 사제들의 의견을 서서히 들을 수 있었다.

이렇게 해서 1555년 여름, 그녀는 프라다노스의 요한 신부에게 지도를 청하게 되었다. 이 새 고백신부는 "대단히 신중하고 친절하게" 그녀를 지도했다. "왜냐하면 내 영혼은 아직도 굳세지 못해서 하느님을 배반하고 있지 않더라도 특별히 어떤 우정을 끊기 위해서는 너무나 약했던 것입니다." 사실 그녀는 어떤 이에게 특별히 친밀한 우정을 느끼고 있었다. 데레사가 그녀를 떠나는 것은 그녀를 슬프게 만드는 것이기 때문에 그것을 끊지 못하고 있었던 것이다. "서로의 애정은 깊었습니다. 그것을 끊는 것은 배은하는 것이라고 생각했습니다. 나는 하느님을 거스르고 있지 않았기 때문에 왜 내가 애정을 배반하는 인간이 되어야만 하느냐고 그녀에게 말했습니다." 데레사가 비약하는 것을 방해하고 있던 이 마지막 끈은 그녀의 "회심"으로부터 일 년 이상이 지난 1556년 성신강림 날에 비로소 끊게 되었다.

프라다노스의 요한 신부는 능숙하게, 이 특출한 여성 안에 나타나는 일을 하느님의 은혜로운 인도와 그녀의 곧은 성품에 내맡기고 있었다. 그는 그녀에게 〈베니 크레아토르〉를 읊으면서 주님께 온전히 의탁할 것만을 권고했다. "어느 날 나는 오랫동안 묵상기도를 계속하고 있었습니다. 모든 일에 있어서 주님 뜻에 맞갖도록 나를 도와 주십사고 주님께 간청하고, 〈베니 크레아토르〉를 기도하기 시작했습니다. 그러자 갑자기 나는 황홀하게 되어 마치 자기 밖으로 끌려 나간 것 같았습니다. … 나는 이런 말을 들었습니다. '나는 이제 네가 사람과 말하는 것을 원치 않으니 다만 천사하고만 말하라.' … 그것은 분명히 실현되었습니다. 왜냐하면 그때부터 나는 하느님을 사랑하고 하느님께 봉사하려고 애쓰는 이들 이외의 사람들과 결코 다시는 우정을 품거나, 위로를 받거나, 특별한 사랑을 느낄 수가 없었기 때문입니다."

그것은 그녀의 최초의 탈아(脫我)였고, 또한 그것은 그녀가 그 이후 매우 자주 위로를 받게 되는 내면으로부터 들려온 첫 말씀이기도 했다. 데레사는 이렇게 설명하고 있다: "그 목소리는 아주 분명히 들을 수 있었습니다. 이는 육신의 귀를 통해서 듣는 것은 아니지만 그보다도 더 잘, 그리고 더 뚜렷이 알아들을 수 있었습니다. 더구나 그 말들을 듣지 않으려고 거부해도 쓸데없는 일이었습니다." 데레사는 이 탈혼으로 드디어 마지막 신비적 단계에 들어서기 위한 마음의 준비가 되었던 것이다. 그녀의 나이 마흔한살이었다. 내적 싸움은 실로 "20년 가까이"나 계속되었던 것이다.

영적 혼약

그후 과연 그녀는 다른 이들과의 공동생활에서 맛볼 수 있는 순수한 기쁨을 거부하고 은둔자와 같은 생활을 할 것인가? 아니다. 데레사는 그런 일은 생각해 보지도 않았다. 그녀는 천성적으로 사람과의 만남이나 인간적인 애정 없이는 살 수 없었다. 그러므로 그녀는 온갖 역경중에서도, 앞으로의 인생 여정에서도 많은 친구를 갖게 된 것이다. 그러나 이 새로운 우정에 빠져드는 일은 없었고, 우정이 그녀의 자유를 구속하거나 하느님을 향해 더욱 깊어 가는 그녀의 사랑을 방해하지도 않았다. 그러므로 그녀는 "세속적인" 애정에서 벗어났을 때에도 기요마르 부인과의 우정을 유지할 수 있었고, 또한 언제나 사르세도의 프란치스꼬의 방문을 기다리고 있었다. 그리고 데레사를 잘 알기 전에는 거리를 두고 그녀를 보아 오던 영적 지도자들과도 우정을 맺게 되었다. 데레사는 하느님을 더 잘 섬기려는 공통된 원의의 기초 위에 세워진 우정을 권하고 있다. "나는 묵상기도를 하는 이들에게 특히 그것을 갓 시작한 이들에게는, 역시 묵상기도를 하고 있는 다른 이들과의 우정이나 교제를 권했습니다. 이는 매우 중요한 것입니다."

1556년부터 1557년에 걸쳐 그녀는 몇 차례의 여행을 하였다. 알바 드 도르메스에 있는 동생 요한나와 또는 빌리아누에바 데르 아세라르에서 주임 신부로 있는 사촌을 찾아간 그녀는 거기서 한 달이나 머무르곤 했다. 그녀는 또 알데아 데르 파로에서 앓고 있던 프라다노스 신부를 간호하기도 하였다. 이 사제가 다른 곳으로 전임되고, 데레사에게는 예수회 회원인 발다살 알바레즈 신부가 오게 되었다.

그 무렵에는 영적 체험이 아직 보통 묵상 정도로밖에 깊지 않았던 이 젊은 사제는 데레사를 만나자마자 난처해지고 말았다. 그는 그로부터 삼 년 동안 그녀를 지도했는데, 그의 우유부단함과 그가 요구한 틀에 박힌 고행이나 또는 묵상기도에 대한 가차없는 지시들 때문에 데레사는 많은 고통을 당하였다. 더구나 그는 그녀가 가끔 영성체하는 것을 말리거나 기도하기 위해 홀로 있는 것을 금하기까지 했다. 그는 그녀가 받고 있는 신비적인 은혜가 도대체 어디에서 오는지 두려워했으며, 어찌할 바를 몰라 그녀를 그냥 내버려 두었다. 그녀는 그의 지도를 받고 싶지 않은 유혹을 느꼈지만 그래도 호의를 다해 이렇게 기록하고 있다: "내 의지가 너무나 약했기 때문에 이런 일은 모두 나에게 필요했습니다. 주님께서 한번은 나에게 내가 고통을 받아들일 결심을 하지 않는다면 순명의 뜻을 이해할 수 없을 것이며, 만일 주님께서 몸소 고통을 겪으신 것을 내가 잘 생각해 본다면 모든 것이 내게는 쉬워지리라고 말씀하셨습니다."

발다살 알바레즈 신부가 부재중이거나 혹은 그의 지시에 의해서였는지 그녀는 다른 고백신부에게 가게 되었는데, 아무도 그녀와 같은 체험을 가지지 못했기 때문에 그녀에게 적절한 조언을 할 능력이 없다는 것을 데레사는 알아차렸던 것이다. "나는 이 사제들을 믿기 위해서 나 자신을 억제하고 있었습니다." 나중에 특히 그녀의 영적 지도자들을 선택하는 데 그녀가 대단히 신중했던 것도 이때문이었다. 그래서 그녀를 결코 그르치게 하지는 않을 참된 학자로 알려진 살라망까 대학의 교수들이나 박사들, 즉 "레트라도스" - 학식있는 사람들 - 로 불리는 이들에게 지도받기를 그녀는 바라고 있었다.

그녀는 언제나 자기의 영적 지도자들에게 아무것도 비밀로 하지 말아야 할 의무감을 지닌 채 그들의 명령에 따르고 있었다. 묵상기도중에 받은 것에 그들이 반대했을 때라도 그러했다. "내가 묵상기도를 하고 있는 동안 주님이 나에게 무엇을 명하실 때마다, 비록 고백신부가 내게 다른 것을 명하고 있었다 하더라도 주님께서는 내게 또 한번 고백신부에게 순명하라고 말씀하셨습니다. 그러나 그후에 주님은 그의 마음을 바꾸어 주시어 그에게도 당신과 같은 것을 내게 명하게 하셨습니다." 그녀는 어떠한 인간적 뒷받침도 이제는 찾아낼 수 없는 길을 걷고 있었다. "나는 오로지 홀로, 나를 도와 주는 이도 없고, 말을 할 수도 읽을 수도 없으며, 악마가 나를 속이고 있는 것이 아닌가 하는 두려움으로 번민하고 동요되어, 어떻게 되는 일인지 몰라 심한 공포에 사로잡혀 있었습니다." 그때 기도소 안에서 그녀는 듣게 되었다. "두려워 말라, 딸아. '나'다. 나는 너를 버리지 않을 것이다. 아무것도 두려워 말라." 그러자 즉시 데레사는 고요함, 굳셈, 용기, 안심으로 가득 차 평화와 빛을 되찾았는데 그것은 순식간에 일어난 일이었다. 조금씩 모든 것이 아빌라 안에 알려지기 시작했기 때문이다. 그리고 모두가 한결같이 그녀를 반대하여 들고 일어났던 것이다. 어떤 이들은 발다살 알바레즈 신부에게 데레사를 내치라는 압력을 가했다. 하지만 그는 데레사

안에 있는 가치를 인정하여 그 압력에 굴하지 않았다. 그러나 다른 고백신부들은 그녀의 고백을 듣는 것을 거부하고 있었다. 엄하게 다그치려고 그녀를 찾아온 사람까지 있었다. 데레사는 얼마 동안 플랑드르나 브레타뉴의 아마도 낭트 아니면 발랑스에서 더욱 고독하고 엄한 수도원에 몸을 감추려고 생각하고 있었다. 그러나 발다살 신부가 그 일에 동의하지 않았고, 그녀 자신도 그것을 유혹이라고 인정했다. 많은 이의 찬사와 기대 속에 있던 데레사가 묘하게도 입장이 바뀌어 비록 "온 시의 사람들이나 수도원 내부에서" 의혹, 조소와 비판, 회의, 비방 등을 당하고 있었으나, 이미 너무도 빛나는 그녀의 성덕은 평범한 일반 사람들로서는 비교할 수도 없을 만큼 훨씬 뛰어나 있었다.

데레사는 이 년 동안 주님께 "'그분'만이 그녀를 다른 길로 이끌어 주시기를 또는 '그분'만이 진리를 분명히 말씀해 주시도록 간청했다." 그러나 때는 아직 오지 않았다. 1559년에 가톨릭 왕국 에스파니아에 큰 공포가 엄습했다. 프로테스탄티즘이 거의 모든 곳에 침투하기 시작하였기 때문이다. 이단 심문소의 총 책임자인 바르데스의 페르난도는 금서 목록을 발표했다. 이 목록 안에 가스틸르어의 성서와 데레사가 애독하고 있던 아빌라의 요한나, 그라나다의 루이스, 보르지아의 프란치스꼬 등의 저서가 많이 들어 있었다. 이제까지 데레사는 이 책들을 통해 위로를 받고 있었는데 라틴어를 읽지 못하는 그녀로서는 이제 독서는 불가능하게 되었다. 데레사의 고독이 더이상 견디낼 수 없는 지경에 이르렀을 때 다시 한번 주님은 그녀를 위로해 주셨다: "슬퍼하지 말라. 나는 네게 살아 있는 책을 주겠다." 즉, "주님 자신"이었던 것이다.

데레사는 아직 그때까지는 영적 도상에서 그녀를 완전히 열중케 한 주입된 잠심이나 또는 마음속에 울리는 말소리밖에 몰랐던 것이다. 1559년 6월 29일 그녀는 최초로 그리스도의 지적 환시를 보는 은혜를 받았다. "나는 보았습니다. 묵상기도 동안에 내 곁에, 아니 오히려 나는 느꼈다고 말할 수 있습니다. 왜냐하면 나는 영혼의 눈으로도 육체의 눈으로도 본 것이 아닙니다. 그러나 내 곁에 주님 그리스도께서 계시다는 것을 실감했습니다. 내게 말씀하신 것이 바로 '그분'이셨음을 나는 확인했습니다. … 어떤 모습으로 나타나셨는지는 모릅니다. 그러나 그분을 내 오른쪽에 매우 뚜렷하게 끊임없이 느끼고 있었습니다. 그분은 내가 하는 모든 것을 보고 계셨습니다." 이 일을 듣고 난 발다살 신부는 즉시 오랜 시간에 걸쳐 매우 엄하게 그녀에게 질문을 하였다. 그러나 그때부터 그의 방법은 바뀌었다. 그녀를 이해하려고 노력하여, 그는 신비 신학 책들을 할 수 있는 한 모두 읽고 조금씩 그녀를 인정하기 시작하였던 것이다.

그 다음 데레사는 거듭 환시를 받고, 그리스도를 환시중에서 보았다. 주님은 그녀에게 손을 보여 주었다. "그 손은 너무나 아름다워 무어라고 표현할 수 없을 정도였습니다. … 며칠 후에 나는 또 주님의 얼굴을 보았습니다. 나는 온통 마음을 빼앗겨 버린 것 같은 느낌이었습니다." 결국 얼마 후 그녀는 그리스도의 전체 모습을 보았는데, 그것은 "그림에 그려져 있는 것 같은 부활한 그리스도의 모습이었습니다". 내면적으로 더욱 굳세어지고 불타는 듯한 하느님의 사랑에 싸여, 이제 데레사는 남의 평판 같은 것에 마음을 쓰지 않았다. 그녀는 하나의 어두운 문을 통과한 것이었다.

그녀가 막 시작한 새로운 싸움이란 전과 같이 인간적 정열과 하느님에 대한 사랑과의 상극은 아니었다. 오히려 그것은 자기 생존의 방법과 일상 생활과의 관계, 즉 평범한 그리스도인의 생활상의 지향이나 가치의 정리 방법과 더욱 깊은 생명과의 관계에 있어서의 상극이었다. 데레사를 사물과 사람들 가운데 있게 한 더욱 깊은 생명이란 자기의 지난날의 행동, 사고, 생존 등의 양식을 온전히 전도시켜 버린 하느님에 대한 사랑의 체험과 새로운 인식으로써 전적으로 개조된 생명이었던 것이다. 그녀는 이 새로운 세계로 뛰어드는 것이 마치 넓은 바다로 나가기 위해서 몸에 밴 타성이나 개념의 테두리에서 멀어져 가는 두려움을 느끼는 한편, 모세나 이사야, 엘리야 같은 예언자들이 하느님 현존에서 느꼈던 것과 같은 거룩한 두려움과 매력도 느끼고 있었다. 데레사는 자기에게 길을 제시해 주거나 또는 자신이 어둠 속을 헤매지 않도록 최소한의 표지를 세워 줄 것을 그녀의 고백 신부들, 조언자들, 지도자들에게 부탁하고 계속 청해 왔다. 그녀는 오직 한 가지 일만을 원하고 있었다. 즉, 주님을 만나는 것, "그분"에게 자기를 위탁하는 것, 전폭적으로 "그분"의 것이 되는 것이었다.

동시에 "선의의 사람들로부터의 반대"에서 오는 외적 시련은 실제로 하느님만을 의지해야 된다는 것과 명예를 가벼이 여겨야 된다는 것, 그리고 그녀가 그토록 원하였던 타인으로부터의 존경도 다시는 찾지 말 것을 그녀에게 엄격히 가르쳐 주었다. 그녀는 그리스도를 위해서 인내하고 받아들이는 고통이, 더욱 높은 생명이나 가장 큰 사랑의 개화를 위한 불가결의 통로가 된다는 것을 자기의 체험으로 드디어 알게 되었던 것이다.

그녀의 한 고백신부는 그리스도의 환시가 일어났을 때, 십자성호를 긋고 "악마를 몰아내기 위해 멸시하는 행동을 하도록" 그녀에게 명했다. 그것이 상상에서 나온 것도, 악마의 환영도 아니고 분명히 주님의 환시임을 그녀는 알고 있었으므로 그분께 모욕을 가하는 것을 몹시 괴로워하면서도 어쩔 수 없이 그렇게 하였다. "이때부터, 즉 반항하도록 내게 명한 이 시험이 주어진 이후로 은혜는 무한히 커져 갔습니다. 나는 이 은혜로부터 멀어지려고 해도 헛일이었습니다. 나는 결코 묵상기도에서 떠나지 않았습니다. 자면서까지도 묵상기도를 하고 있을 만큼, 내 안에 사랑은 더욱더 타올랐습니다."

데레사는 1560년 4월, 그녀가 신비적인 여정중에 있을 때에, 더 정확히 표현한다면 심장의 "상처"라고 불리는 은혜를 받았다. "즉, 천사의 화살이 자기의 심장을 꿰뚫는 듯한 체험"이 몇 차례나 거듭 일어났던 것이다. "나는 바로 곁에, 내 왼편에 육체의 형상을 지닌 한 분의 천사를 보았습니다. … 그는 그렇게 크지 않았으며, 오히려 좀 작은 편이었습니다. 그리고 매우 아름다운 불타는 듯이 빛나는 그의 얼굴은 그가 최고위의 천사임을 말하고 있었습니다. … 그 천사는 긴 황금 창을 손에 들고 있었고 그 창끝에는 작은 불이 붙어 있는 것 같았습니다. 그리고 그 창으로 나는 심장을 몇

번이고 거듭 찔린 것같이 느꼈습니다. 그 창은 내장에까지 들어가서 그것을 빼낼 때에는 나의 내장까지도 함께 빠져 나가는 듯했습니다. 나는 하느님의 큰 사랑에 온전히 황홀해 있었습니다."

알바 드 도르메스의 여자 가르멜회 수도원에 보존되어 있는 성녀의 심장에서 어떤 이들은 이때의 상흔을 찾아낸 듯하다. 그러나 이에 관한 사정은 데레사가 자기의 말로 가능한 한 묘사해 보려고 하는 영성적 세계의 한 현실인 것이다. "이것은 육체적인 고통이 아니고 영적인 고통입니다. 그렇다고는 하지만 육체도 어느 정도 때로는 몹시 심한 아픔을 느낍니다." 마찬가지로 탈혼 동안 그녀는 손발을 움직이지도 못하고 다만 신음하면서 간신히 숨쉬고 있었다.

이런 특별한 표징은 때로 여러 사람들 앞에서도 일어나곤 했는데, 그때 그녀의 "심한 고통"을 본 박해자들은 더욱 자기들이 옳다고 여겨서 더욱 더 그녀를 박해했던 것이다.

이때에 알칸타라의 베드로 수사가 등장하게 된다. 이 프란치스꼬회 회원은 47년 동안 엄한 고행 생활을 하여 "마치 그 몸은 나무 뿌리로 되어진 듯하였습니다". 그는 울로아의 기요마르 부인과 함께 알데아 데르 파로에 새로운 남자 수도원을 짓는 일을 의논하려고 와 있었다. 부인은 데레사를 그와 만나게 해주려고 자기 집에 초대했다. 그는 자기가 데레사와 같은 체험을 하고 있었으므로 데레사를 완전히 이해했으며 그녀의 환시 문제에 대해서도 안심시켜 주었다. 그는 발다살 알바레즈와 사르세도의 프란치스꼬에게 앞으로는 그들이 데레사를 가만히 놓아 두도록 주선해 주었다. 이 만남 - 프란치스꼬회의 고행가와 데레사와의 만남 - 은 1560년 8월 17일부터 25일까지 이루어졌던 것이다. 그리고 나서 얼마 후인 9월 초에 데레사는 깊은 인상을 받게 되는 한 가지 환시를 보았다. 만일 그녀가 회심하지 않았더라면 당연히 차지했을 지옥의 자기 자리를 보았던 것이다. "대단히 짧은" 순간에 그녀는 심한 신체적인 공포를 실제로 맛보았던 것이다. 즉, 그것들은 어둠, 지겨운 짐승들의 접근, 기분 나쁜 불결함, 공기의 결핍,

비좁은 장소 등이었다. 게다가 영혼 안에 느껴지는 내심의 불이 그녀를 견딜 수 없이 태우고 있었다. 이 모든 것이 "마침도 없고 끊임없이 계속된다는 것을 알고 있었다". 그래도 신체의 고통은 "영혼의 심한 번민에 비긴다면 아무것도 아니라"고 그녀에게는 느껴졌다. "압박감, 답답함, 너무도 사무치는 비애 그리고 절망감, 심한 고독감, 나는 이런 것을 어떻게 표현해야 좋을지 몰랐습니다. … 영혼 스스로가 자신을 찢어냅니다."

이 환시는 데레사를 공포에 떨게 했다. 그러나 언제나 실제적인 그녀는 거기서도 몇가지 교훈을 얻었던 것이다.

먼저 이 세상의 노고나 반대에 더 이상 두려워하지 말 것, "상상에서의 고통과 이 환시에서 그녀가 체험한 고통과는 전혀 다르다는 것", 또한 지옥에 떨어지는 영혼에 대한 연민, "영혼들을 위해 도움이 되는 존재가 되고 싶다는 격렬한 충동", 그리고 "할 수 있는 대로 완전하게" 규칙을 지키려는 의욕이었다. 이 기회에 그녀는 스스로 결정하여 "가장 완전한 것을 행하는 서원"을 하였다. 이바네즈 신부에게 올린 보고에는 "그것은 나를 돌보아 주시고 또한 인도하시는 분의 명령에 따라, 주님을 최대로 섬기기 위해서 나에게 가장 완전하다고 생각되는 것을 추구하는 데 결코 소홀히 하지 않겠다는 결의입니다"고 한다.

죄인들을 구하고 싶은 원의가 데레사의 마음을 떠나지 않았다. 기도와 고행 외에는 다른 방법이 생각나지 않았으므로 그녀는 그 시대의 습관에 따라서 편태나 사슬이 달린 고행복을 입는 등, 소위 육체적인 고행을 시작하였다. 다른 수녀들도 그것을 느끼고 있었다. 그러나 이러한 고행은 그다지 건강이 좋지 않은 데레사에게는 적합한 것이 아니었다. 그녀는 알칸타라의 베드로의 모범이 대단한 격려가 되었다. 데레사는 "세례로써 이미 교회의 일원이 되어 있는 루터파의 사람들에 대해서" 특별히 생각하고 있었다. 그 세력은 전 유럽에 번져 가고 있었다. 필립 2세는 프랑스의 엘리사벳과 결혼한 다음, 1560년 1월 4일에 모든 수도원의 수사와 수녀들에게 스페인을 무겁게 덮쳐 누르고 있는 이 위협을 분쇄하기 위하여 기도와 성체 행럴을 하라는 명령을 반포하기에 이르렀던 것이다.

아빌라의 성 요셉 수도원 창립

그해 1560년 9월의 어느 날, 데레사가 몇몇 여자친구들과 수방(修房: 수도원 독방)에서 여러 가지 사정에 대해서 이야기를 나누었는데, 그 중의 한 사람이 ― 아마도 조카인 오감포의 마리아(그녀는 수녀가 아니었다)가 ― 알칸타라의 베드로 수사가 개혁에 힘쓴 맨발의 프란치스꼬회 회원들의 방법을 모방하여, 가르멜 산의 원시 회칙을 지키는 새로운 수도원을 창립할 안을 내놓았다.

이 제안은 여간 데레사의 마음에 드는 것이 아니었다. 그것은 더 엄격한 생활을 하고 싶던 그녀의 은밀한 소망에 꼭 들어맞았기 때문이다. 그러나 데레사는 그것이 실현될 수 있는 일이라고는 생각할 수 없었다. 왜냐하면 그 일로 말미암아 으레 그녀를 반대하는 새로운 폭풍이 불어닥칠 것이 두려웠고, 게다가 강생 수도원에서 그녀는 무척 행복했기 때문이었다. 그래도 데레사는 이 제안을 친구인 기요마르 부인에게 말해 보았다. 그 부인은 이 계획에 감격하여 새 수도원을 위한 연금까지 제공해 주었다. 데레사는 무척 망설였으나 결국 이 일에 대한 하느님의 뜻을 알아보기 위해서 서로 기도하자고 약속하였다.

며칠 후 묵상기도중에 주님은 이 계획을 실현하는 데 전력을 다하며, 그리고 이 일을 고백신부에게 말하라고 그녀에게 명령하셨다. 소심한 발다살 신부는 감히 말로써 반대하지는 않았지만 조심스레 그녀를 가르멜 관구장인 살라자르의 안젤 신부에게로 보냈다. 그러나 데레사는 자기와 하느님과의 대화를 장상들에게 말하고 싶지 않았으므로 이 이야기도 기요마르 부인의 제안처럼 말했던 것이다. 관구장은 즉시 이 계획을 승인해 주었고, 이 소식은 온 시에 퍼졌다. 데레사에게 또 한 가지의 고통이 뒤따랐다. "그 비웃음과 냉소들을 여기에 간단히 묘사하기란 불가능합니다. 그것은 바보스러운 일이라고 모두들 말했습니다. 사람들은 나에게 자기가 몸담은 수도원에 얌전하게 있으면 좋을 것이라고 말했고, 나의 친구에 대한 박해는 그녀를 짓눌러 버릴 만큼 큰 것이었습니다. 나는 어찌할 바를 몰랐습니다. 그들이 말하는 이유는 지당한 것처럼 여겨졌기 때문입니다."

이 뜻하지 않은 소동에 놀란 고백신부는 그녀를 책망하며 다시는 이 계획에 대해서 말하는 것을 금했다. 자기 생각에 확신을 갖기 위해서 또 외부로부터의 여러 압력에 굴하지 않기 위해서 데레사는 알칸타라의 베드로, 보르지아의 프란치스꼬, 루이스 베르트란도 등에게 편지를 보냈다. 그들은 모두 그녀의 계획에 지지하는 회답을 주었다. 그녀는 또한 도미니꼬회 회원인 이바네즈 신부와 의논하기를 원했다. 그는 이 도시에서 신학 면에 큰 권위를 가진 학자였기 때문이었다. 이바네즈 신부는 여드레 동안 숙고한 다음 이 두 친구의 계획에 찬동하고, 그녀들에게 반대하는 사람들을 자기에게 보내도록까지 협력해 주었다. 데레사는 기요마르 부인의 집으로 가는 길에 이바네즈 신부에게 마음을 열어 밝히고, 그의 의향에 따라 그녀의 최초의 〈영적 보고〉를 기록했다. 이바네즈 신부는 거기에 대해서 서른 세 가지로 구성된 "명령"으로 답했다. 그럼에도 불구하고 그때부터 그것이 알칸타라의 베드로에 의한 것으로 잘못 전해져 오고 있다.

기요마르 부인은 알칸타라의 베드로의 중개로써, 창립을 위한 로마 교황의 교서를 자기 이름으로 청원하기 위해 노력하고 있었다. 또한 동시에 작은 집도 찾기 시작했다. 이 집을 계약하기로 예정한 전날, 관구장은 그 도시 사람들과 수녀들의 반대에 불안을 느껴 생각을 바꾸어 일단 내렸던 허가를 취소하고 말았다. 기요마르 부인도 또한 비난의 대상이 되었고, 만일 그녀가 이 "소란"을 중지하지 않는다면 고백성사에서 죄사함을 받지 못하리라는 말도 들었다. 그래서 만사는 중단되고 말았다. 그러나 데레사는 내적으로 신뢰와 인내로 충만되어 있었으므로, 이 좌절에 조금도 동요되지 않았다.

이 창립 문제에 대해서 데레사가 계시를 받았다고 전해 들은 어떤 사람들은 그녀를 종교 재판소에 고소하겠다고 협박했다. "이 일은 나를 재미나게 했으며, 나는 웃고 말았습니다. 나는 그런 것을 결코 두려워하지 않았습니다. 신앙상의 모든 것에 대해서 나는 잘 알고 있었기 때문입니다. 교회의 아주 작은 전례에, 혹은 성서 안의 어떤 진리를 거역하고 있다고 여겨지기보다는 오히려 나는 천 번 죽는 편을 각오하고 있습니다."

그로부터 몇달이 지난 1561년 4월, 아빌라의 예수회 사제들의 원장인 디오니시오 바즈궤스 신부의 후임으로 "대단히 머리가 명석하고 학식이 있으며 크나큰 영적 소질과 용기가 있는" 사제 한 분이 임명되었다. 그분은 살라자르의 가스파르 신부였다. 가스파르 신부는 데레사의 고백신부에게 그녀 안에서 활동하시는 주님의 영을 방해하지 말고 또한 그녀를 위로하도록 명했다. 이 원장은 직접 데레사를 만나러 왔다. 아마도 그것은 그녀의 영적 생활의 특질에 대해서 안심시키기 위해서였던 것 같다. 그리고 그는 그후부터 그녀를 굳건히 지지해 주었다. 그녀는 이 창립을 위한 교섭을 재개하는 인가를 받기는 하였으나, 그래도 이것은 극도로 비밀을 지키며 진행시켜야만 했다. 데레사는 관구장에게 순명으로 매여 있었으나 다른 친구들은 그렇지 않았기 때문에, 집을 사기 위해 동생 요한나와 제부 오발르의 요한을 알바 드 도르메스에서 불러 왔다. 마치 그들이 자기들을 위해 그 집이 필요한 것처럼 보이도록 그들의 아이들과 함께 거기에서 살았다. 이렇게 장래의 수도원 준비는 순탄하게 진행되어 나갔다. 몇 차례의 외출을 이용해서 데레사는 공사를 지시하였다. 집은 작고 자금도 부족하였다. 때마침 페루에 있는 동생 라우렌시오가 금화 200두카의 희사금을 보내 왔지만 그것으로도 충분하지 못하였다. 로마에서 교서도 와 있었다. 창립은 관구장의 권한으로 이루어져야 했는데, 그는 허가를 또 취소해 버리고 말았으므로 인가의 교서를 다시 청하지 않으면 안되었고, 그래서 이번에는 조심하여 새 수도원은 그곳 주교 관할 아래 두기로 했다.

창립 준비는 신중하게 하나하나 비밀리에 계속되고 있었음에도 불구하고 이 소식은 다소 새어 나갔다. 다행히도 이때 가르멜회의 관구장은 아빌라에 부재중이었는데, 만일 그렇지 않았더라면 그는 데레사가 이 창립에 전념하는 것을 금했을 것이다. 그 대신 1561년 성탄에, 그는 데레사에게 톨레도에 가라고 명령했다. 남편을 잃고 비탄에 잠긴 세르다의 루이사라는 귀부인이 데레사의 소문을 듣고 자기의 극심한 비통을 위로받고자 데레사가 자기 곁에 와 줄 것을 간청했기 때문이었다. 또다시 모두가 헛일이 되어 버렸다고 데레사는 생각하였다. 그러나 사실상 그녀가 아빌라를 떠나 있는 것이 오히려 잘된 일이었다. 먼저 데레사 자신이 모든 이에게서 잊혀지기 위해서, 또 시간을 얻기 위해서, 그리고 후에 그 개혁에 크게 조력할 많은 친구들을 얻게 된 좋은 기회였던 것이다.

톨레도에서 그녀는 다시 알칸타라의 베드로 수사와 이바네즈 신부의 친구인 도미니꼬회 회원 톨레도의 그라시아 신부를 만났다. 이 사제는 고백 신부의 권한으로서 그녀에게 자서전을 쓸 것과 그녀의 묵상기도 방법을 설명할 것을 명하였다. 그녀는 즉시 이 일에 착수했다.

데레사는 루이사의 저택에서 덕망은 있지만 좀 별난 예수 에페스의 마리아라는 한 부인을 알게 되었다. 그 부인은 가르멜회의 새로운 수도원 창립을 위한 교서를 받기 위해 로마에 다녀왔던 것이다. 예수의 마리아가 내놓은 개혁안에 대단한 관심을 가지게 된 데레사는, 그녀가 가르멜 산의 원시 회칙대로의 온전히 가난한 수도원을 알칼라에 세우기로 계획하고 있는 것을 알고 그 구상을 받아들여서 즉시 "학식있는 이들"의 자문을 구하려고 했다. 데레사는 자기를 지지해 주는 알칸타라의 베드로 수사와 그녀의 생각에 반대하는 이바네즈 신부에게 편지를 썼다. "이바네즈 신부님은 이 문제에 대한 나의 생각을 단념시키기 위해서 두 페이지나 되는 반론과 신학적 의견을 써 보내셨습니다. 이 문제에 대해서 잘 연구한 다음에 — 그분은 그렇게 말씀하셨는데 — 써서 보내셨다는 것입니다. 나는 그에게 나의 소명과 청빈 서원에, 그리고 그리스도의 권고를 완전히 따르지 못하게 하는 신학을 나에게 전용시키는 것은 원치 않으며, 이런 경우에 그의 학문은 더이상 나에게 필요없는 것이라고 대답하였습니다."

다른 상황은 그녀가 창립의 목적을 수정하든가 또는 그 목적을 더욱 명확하게 내세우든가 하는 방향으로 기울어지고 있었다. 예수의 마리아와의 만남에서 데레사는 연금 없는 수도원을 창립하기로 결심하고 있었다. 그 얼마 후 루이사 부인의 응접실에서 사람들은 종교 전쟁으로 야기된 프랑스의 위기에 관한 중요한 이야기가 있었는데, 아마 그것은 왓시에서 일어난(1562년 3월 1일) 프랑스의 신교도 위그노 파의 학살에 관한 소식이었을 것이다. "나는 프랑스의 불행, 곧 이 루터교도들이 행한 파괴를 들었습니다. … 나는 여간 걱정되는 것이 아니었습니다. 내가 무엇이나 되는 것처럼, 또 무엇이든 할 수 있는 것처럼 주 대전에 울며불며 그 막중한 불행에서 구해 주십사고 애원하였습니다. 그곳에서 죽어가는 그 숱한 영혼들 중에서 단 하나라도 구할 수 있다면 천 번이라도 목숨을 내놓을 것 같았습니다."

데레사는 수녀들은 특별히 교회의 보호자들을 위하여 설교가나 신학자들을 위해서 기도해야 한다고 결정했다. 세르다의 루이사 부인의 저택에서 육 개월 동안 계속된 톨레도에서의 데레사의 체류는 그녀에게 많은 결실을 가져다 주었다. 고귀한 부인 곁에서 그녀는 사람들이 기대했던 대로 주어진 사명을 성공적으로 완수했다. 그러나 이처럼 풍요롭고, 정중하고, 친절하며, 체면을 중시하는 환경에서 생활하면서 하느님으로부터 멀어지는 것을 매우 두려워했던 데레사는 자기의 기도생활을 그대로 유지하려고 여간 주의하지 않았다. 그리고 언제나 꾸밈 없이 있는 그대로 아주 담백한 태도를 지녔다: "봉사하는 것만으로도 명예라고 일컫는 이런 귀부인들에 대해서도 나는 동등한 마음가짐으로 자유로이 행동하고 있었습니다."

기쁨, 평화, 그리고 그녀를 온통 감싸고 있던 하느님께 대한 강한 사랑은 그녀 안에 계신 그리스도 현존에 대한 대화만큼이나 그들을 드러내고 있었던 것이다. 저택 안의 모든 사람들과 그녀의 시중을 들고 싶어했던 하인들에 이르기까지 완전히 변화되었다. 루이사를 지켜보고 있던 데레사는 사실적으로 평가하였다: "그녀도 나처럼 정열과 약점을 지닌 여성임을 깨달았습니다. 역시 신분의 높낮음에 구애받아서는 안된다는 것을 그녀를 통해 보았습니다."

그녀는 7월 초에 자기 수도원으로 돌아왔는데, 마침 그날 비오 4세 교황의 인가 교서가 아빌라에 도착했다. 이 인가된 수도원은 멘도자의 알바로 주교님의 관할 아래 창립하는 것으로 되어 있었으므로 이번에는 그의 인가를 받을 필요가 있었다. 알칸타라의 베드로 수사가 이 일에 대해 주교를 설득하는 일을 맡아서 주교와 데레사가 만날 수 있도록 적절하게 주선해 주었다. 이때부터 그녀는 그 개혁의 가장 강력한 힘있는 지지자의 한 사람으로 이 주교를 모시게 되었던 것이다.

그녀의 제부인 오발르의 요한이 병으로 쓰러졌을 때 알바 드 도르메스에 있던 그의 아내는 돌아올 수가 없었다. 그래서 데레사가 동생을 대신해서 그를 간호할 허락을 받음으로써 성 요셉의 보호 아래 놓여진 새 수도원의 마지막 마무리에 몰두할 수 있었던 것이다. 그러나 이 수도원에 들어오기로 되어 있던 네 명의 수련자들의 부모들이 비밀을 지키도록 하기 위해서 여러 가지로 조심하지 않으면 안되었다. 왜냐하면 관구장은 그 무렵 이미 아빌라에 돌아와 있었고, 데레사가 이 창립을 완성할 수 없도록 금지시킬 수도 있었기 때문이다.

마침내 1562년 8월 24일 월요일, 헌당식이 이루어졌다. 미사가 봉헌되고 가스파르 다자 신부에 의해서 성체가 안치되었다. 그는 네 명의 수련자들에게 수도복을 주고 엄격한 봉쇄의 규칙을 정했다. 사르세도의 프란치스꼬는 아빌라의 줄리앙과 또 다른 몇몇 친구들과 함께 거기에 참석하였고, 데레사도 강생 수도원의 수녀인 두 사촌들과 함께 임석하여 크나큰 기쁨에 넘쳐 있었다. 그러나 그 기쁨은 오래 가지 못하였다. 왜냐하면 데레사는 자기가 관구장에 대해서 불순명한 것이 아닌가 하는 의구심이 그녀의 마음속 깊은 곳에서부터 생겨났기 때문이었다. 그리고 이처럼 작은 집 안에 재산도 갖지 않고 수녀들을 가두어 두는 것은 과연 망상이 아닐까? 그녀 자신이 이렇듯 병약한데 정말 이 생활을 지탱해 나갈 수 있을까? 등의 회의가 생겼다.

이 소식은 수도원 밖으로 날개 돋친 듯 퍼져갔다. 데레사가 언제나 복종하고 있던 강생 수도원의 원장은 그녀에게 즉시 돌아오도록 명했다. 강생 수도원에서는 혁명이 일어난 듯한 소동이 벌어졌다. 관구장이 달려왔고, 그녀는 공동체 앞에서 판결을 받게 되었으나 주님으로부터 힘을 얻고 있던 그녀는 자신을 변호하려 하지 않고 모든 것을 감수하였다: "나는 사람들이 아무 죄도 없는 나를 벌하려 하고 있다는 것을 잘 알고 있었습니다. 모두들 내가 자신의 명성을 드높이기 위해서라는 등, 이 일로 사람들의 관심을 끌기 위함이라든가 또한 이와 비슷한 생각에서 내가 행동하고 있다고들 말하였습니다. 이 사람들이 말하는 것 중에서 어떤 점에 대해서는 옳다고 분명히 인정할 수 있었습니다. 즉, 다른 이들보다 더 비참하고 더구나 이 수도원의 규칙도 완전히 지키지 못했던 내가 과연 어떻게 시중에 물의를 일으키면서까지 새로운 것을 만들고, 또한 보다 더 엄격한 다른 규칙들을 지킬 수 있다고 생각할 수 있겠는가? 하는 것 등입니다."

데레사는 자신을 변호하기 위해서 호출되었던 것인데, 이를 듣고 마음이 진정된 관구장은 시의 소동이 가라앉았을 때 그녀가 성 요셉 수도원으로 다시 돌아가는 것을 허락하였다. 그러나 아빌라는 온통 떠들썩하였다. "온 시내가 모두 이 일에 대해서만 말하는 듯 야단법석이었습니다. 모든 이가 나를 비난하였습니다."

아빌라 시의 모든 사람들은 이것이 자기와 관계된다고 여겼다. 왜냐하면 종교적 사정은 모두의 공통선이었기 때문이다. 많은 이들은 몽상적인 데레사의 일들을 여전히 의심하였으며, 더구나 보조를 받아야 하는 또 하나의 수도원의 탄생에 대해서도 의심스러워하였다. 이것은 행정적으로나 또 어떤 점에 있어서는 경쟁적인 위치에 있는 다른 수도원에게도 달갑지 않은 하나의 부담이었다.

격분한 몇몇 사람들이 성 요셉 수도원의 문을 부수려 하고 새로운 수녀들을 쫓아내려고 하였다. 시장은 8월 25, 26, 27일에 걸쳐서 몇 차례나 회의를 계속했고 이어서 가장 큰 집회를 30일에 소집하였다. 마침 아빌라를 지나가던 살라망까 대학 교수인 도미니꼬회의 젊은 사제 도미니꼬 바네즈 신부만이 - 데레사와 안면이 없는데도 - 그녀를 감싸 주며, 이것은 주교에게 달린 문제라고 말했다. 이로 인해 시간적 여유를 가질 수 있었으나 사람들의 기분은 여전히 가라앉지 않았다. 사람들은 새로운 수도원의 창립을 저지시키는 데 성공하지 못했으므로 이번에는 데레사에게 그 수도원의 수입원으로 지참금을 받는 것에 동의하라고 요구해 왔다. 그 제안에 대해서 하마터면 수락할 뻔했을 때 주님은 그녀에게 그렇게 해서는 안된다고 말씀하셨으며, 며칠 전에 귀천한 알칸타라의 베드로도 엄한 얼굴로 나타나 자기가 해준 권고에 데레사가 따르지 않음을 꾸짖었다. 자기들의 뜻을 관철시키지 못한 시는 왕실 고문회에다가 소송을 걸었다. 그동안 데레사는 성 요셉 수도원의 수녀들이 재산을 전혀 갖지 않고 희사금으로써 생활한다는 데 대한 인가를 로마에 청했는데, 그녀는 이 교서를 1562년 12월 5일에 받았던 것이다. 승부는 판가름났다. 이 소송은 그 다음해 상반기까지 계속되었으나 그동안 점점 흐지부지되고 말았다. 시간이 흐름에 따라 사람들의 흥분도 가라앉게 되었다. 1562년 12월 중순에 주교의 요청으로 관구장은 새 수도원의 수련자들 교육을 위해서 창립자인 데레사가 네 명의 강생 수도원 수녀들을 데리고 성 요셉 수도원으로 돌아가는 것을 허락하였다. 실제로 성 요셉 수도원의 최종 인가는 1564년 8월 21일이 되어서야 교황 사절 알렉산드르 크리벨리에 의해 주어졌던 것이다. 그녀에게는 청빈, 묵상기도, 침묵, 고독 등의 이상을 같이하는 영혼들과 함께, 알칸타라의 베드로가 "작은 베들레헴"이라고 불렀던 이 수도원으로 다시 돌아와서 산다는 것이 "무한한 위안"과 커다란 즐거움이었던 것이다.

그녀는 그후 "어머니"로 불리면서 엄격한 봉쇄 안에 숨어 많은 일에 쫓기고 있었다. 그의 차례가 되면 수녀들과 같이 주방 일이나, 병자의 간호, 청소와 빨래 등의 육체 노동도 하였고, 또한 정원에다가 기도하기 위한 작은 은둔소를 몇 채 세우는 일까지 지시하며, 외부와의 교섭과 업무도 맡아 했다. 여기서 그녀는 수도원 창립에 관한 몇 장을 덧붙인 뒤 〈자서전〉을 끝마쳤다. 또한 그녀는 끊임없이 수정을 해 나가면서 새로운 〈회헌〉 작성을 적극적으로 다루고 있었다. 그러나 그 무엇보다도 데레사에게 가장 중요했던 것은 수련자 양성이었다. 수련자들과 고백신부의 간청으로 데레사는 〈완덕의 길〉을 쓰기로 결심했다. 시간이 없어 그녀는 조금씩 썼으며, 결국 완성하는 데 이 년이 걸렸다. 일과 기도는 상관관계에 있다고 그녀는 늘 생각하고 있었다. 그리고 무위, 나태 등은 청빈을 거스르는 죄처럼 느꼈다. 누군가의 청으로 응접실에 갈 때에도 그녀는 무슨 일이든 가지고 가서 담화중에도 무엇을 짜거나, 물레질을 하거나, 옷을 깁거나 하였던 것이다. 말하자면 사람들은 그 이후론 그녀를 길에서나, 교회나, 아빌라의 어느 가정에서도 찾아볼 수 없었지만, 그 활동 범위와 영향력은 더욱 넓어져 갔던 것이다. 모두가 그녀에게 자문을 청하러 왔으며, 우수한 지원자들이 찾아왔고, 자선가들도 무리를 지어 왔다: "주님은 우리를 가장 심하게 박해한 사람들을 우리의 가장 가까운 편이 되게 해주시고, 더구나 우리에게 희사해 주기 위해 그들을 보내 주셨습니다. 이렇게 해서 그들은 그렇듯 비난한 일을 승인한 것이 되었습니다."

그녀 자신은 더할 나위 없이 행복하였다. 원시 회칙의 엄격함 – 일생 동안 소재, 대체로 연중 9월부터 3월까지 8개월 동안의 대재 – 은 오히려 그녀의 건강을 유지하는 데 도움이 되었다. 1563년 7월 13일에 데레사는 아직도 현재의 맨발 가르멜회 수녀들이 신고 있는 삼으로 만든 신을 신도록 했다. 그녀에 의해서 정해진 두 시간의 묵상기도는 그 당시에 아직 공동으로 가대소에서 행해지고 있지는 않았다. 그래서 몇 시간이고 내면에 빨려들어 가거나, 탈혼하거나 하는 "어머니"에게 있어서는 그런 편이 더 나았을 것이다. 동료 수녀들이 탈혼을 눈치챈 것은 그녀에게는 매우 쓰라린 일이었다. 게다가 방문객들 – 친구, 은인 그리고 고명한 귀족들, 교구 대주교도 있었다 – 이 동석한 자리에서 미처 제지할 수 없이 하느님께 사로잡혀 빨려들어 가는 것은 그녀에게는 더욱 견딜 수 없는 일이었다. 데레사의 영성생활, 더 정확히 말해서 하느님과 이웃에 대한 사랑의 상승은 끊임없이 지속되었으며 죄인들을 구하려는 참된 정열이 데레사를 온통 사로잡고 있었다. 많은 방문객들이 그녀에게 기도를 부탁하러 왔다. 어떤 이들은 이름을 숨기고 자기네들이 안고 있는 어려움들을 털어놓았다. 그래서 그녀는 끊임없는 기도와 고행으로 그들을 위한 은혜를 기원하였던 것이다.

어느 날 찾아온 한 방문객으로 인해 이웃을 도우려는 그녀의 원의는 더욱 강해졌다. 즉, 1566년 8월 어느 날 성 요셉 수도원에 머문 신대륙에서 온 프란치스꼬회 회원인 벤디아의 알론소 말도나도라는 사제이다: "그는 나에게 그곳에는 교리를 가르칠 사람이 부족하기 때문에 많은 영혼들이 멸망하고 있다고 말해 주었습니다. … 나는 그토록 많은 영혼의 멸망에 정신을 잃을 정도로 마음 아파하고 있었습니다. 그리고 눈물을 흘리면서 은둔소에 가서 주님께 줄곧 부르짖었습니다. 나의 기도로써 이 영혼들 가운데 몇 사람이라도 주님께 돌아오도록 무슨 도움이 되는 방법을 내게 주시기를 간절히 청했습니다. 악마가 많은 영혼을 하느님으로부터 빼앗아 가고 있는데, 나는 기도하는 것밖에는 아무런 소용이 없었기 때문입니다."

이렇게 기도하고 있던 어느 날 밤 주님께서 데레사에게 모습을 드러내시어 "딸아, 조금만 더 기다려라, 너는 위대한 일을 보게 될 것이다"라고 말씀하셨다. 그로부터 여섯 달이 지난 1567년 2월, 라벤나 출신의 잔 밥티스타 롯시 신부 - 에스파니아어로는 루베오 신부 - 가 아빌라를 지나가게 되었다. 가르멜회 총장이었던 그는 에스파니아에서 시작되고 있던 가르멜회 회칙의 전면적인 개혁에 대해서 필립 2세의 의뢰로 비오 5세 교황의 지령을 받고 있었다. 루베오 신부는 안달루씨아에서 도착했는데 공교롭게도 거기서 그는 수도복에서밖에는 아무런 종교적인 것이 풍겨지지 않는 수도자들의 음모 때문에 수도원들의 방문을 방해받았던 것이다. 아우마다의 데레사를 "당신의 딸"처럼 생각하고 있던 멘도자의 알바로의 청으로 작은 성 요셉 수도원을 보러 온 루베오 신부는 "어머니 데레사"와의 만남과 그녀의 창립을 대단히 만족하게 여겼다. 그래서 회의 순명 아래 둔다는 조건으로 데레사가 할 수 있는 만큼의 수도원을 가스틸르 지방에 창립할 수 있도록 데레사에게 허가해 주었던 것이다. 이 일이야말로 어느 날 밤 주님이 그녀에게 말씀하신 저 "위대한 일"이었던 것이다. 사려 깊은 여성이었던 그녀는 만일 회의 수도자들이 이 개혁을 받아들이지 않는다면 이 개혁을 유지하고 발전시켜 나간다는 것은 도저히 불가능하다고 생각했다. 따라서 그녀는 이 일에 대해서 루베오 신부에게 서한을 보냈다. 이에 대해 그는 몇가지 조건하에 두 개의 "관상적 남자 가르멜" 수도원을 가스틸르 지방에 창립하도록 허락하는 인가서를 현 관구장 알론소 곤자레즈 신부와 전임 관구장 살라자르의 안젤 신부의 동의와 함께 그녀에게 보내 주었던 것이다.

창립의 파란

데레사는 쉰두살에 그 생애 마지막 시기인 가장 알찬 새로운 단계에 접어들기 시작했다. 15년 동안 그녀는 손수 수도원 열다섯 개를 창립하기 위해서 가스틸르와 안달루씨아 구석구석을 숨이 콱콱 막히는 더위와 눈보라 치는 추위에도 아랑곳없이 지칠 줄 모르며 여행을 계속하였다. 나귀를 타거나 포장 사륜마차를 타고 울퉁불퉁한 길과 초라한 주막의 불편도 개의치 않고 돌아다녔다. 데레사는 정당한 권리를 주장하면서 집주인이나 장사하는 이들과 교섭을 거듭하기도 하고, 교회와 시 당국자들과 논쟁하거나, 수속과 탄원 그리고 필요한 허가를 얻기 위해 수없이 되풀이하며 돈을 마련하기 위해 뛰어다니고, 수도원을 정비하는 일꾼들을 지시하기도 하였다. 그리고 시에서 자기들이 차지하고 있는 지위를 빼앗기지 않으려는 다른 회의 수도자들과 정면으로 부딪치기도 하면서, 그녀와 그녀의 계획에 대해서 꾸미는 수많은 음모를 간파하거나 완화 가르멜회 수사들과 맞서면서 어떤 어려움에도 굽히지 않고 무슨 수를 써서라도 그녀의 개혁사업과 맨발 가르멜 회원인 자신의 아들 딸들을 끝까지 지켜 나갔던 것이다. 이 와중에서도 그녀는 그 수도원들을 방문하며 지도했다. 거기서 그녀는 수녀들 개개인에 대해서, 혹은 수련자들의 양성에 대해서 하나하나 각별한 관심을 보였다. 가끔 밤늦게까지 쓴 편지에는 실제적인 권고나 그녀들 모두를 위한 수많은 자상한 염려들이 빈틈없이 적혀 있었다.

그녀는 또 자기 가족들의 일에도 마음을 써야 했다. 특별히 그녀가 영적 지도를 맡고 있던 라우렌시오와 그 아이들이 서로 평화를 유지하도록 마음을 썼다. 그녀는 1581년 1월 6일에 "나는 동생이 죽은 다음부터 친척간의 갈등에서 도망쳐 나오고 싶을 만큼 지쳐 있었습니다"라고 쓰고 있다.

이런 일 중에서도 그녀는 회칙을 완전히 지키도록 유의하며, 엄격한 기도생활을 계속해 나가고 있었다. 그녀는 이미 이 크나큰 모험을 시작하기에 앞서 여러 가지 상태를 세밀히 연구하면서 다음과 같이 쓰고 있다: "여기에 주님의 도우심 외에는 이 세상에서 아무도 도와 주는 이 없는 불쌍한 맨발의 수녀가 있습니다. 많은 인가서와 좋은 원의를 가지면서도 무엇 하나 그것을 실행할 가능성은 가지고 있지 않습니다. 하지만 용기도 희망도 잃지 않았습니다. 왜냐하면 이 일을 주신 주님께서 가능성도 주실 것이기 때문입니다. 모든 것이 가능한 것처럼 여겨졌으므로 나는 일을 시작했습니다. 오! 하느님의 위대함이여! 어쩌면 당신은 이런 작은 한 마리의 개미를 통해 당신의 힘을 보이셨는지요! 당신을 사랑하는 이가 훌륭한 일을 하지 않을 때 주여, 그것은 그 사람의 약함과 비겁함의 탓입니다! 우리는 인간적인 조심성에서 오는 두려움만으로 무엇을 결정합니다. 하느님 당신의 절묘하심과 위대하심의 성취를 방해하는 것은 바로 이 조심성입니다."

그리하여 루베오 신부의 방문이 있은 지 넉 달쯤 지나서 그녀는 여섯 명의 수녀들과 또 성 요셉 수도원의 부(附)신부이며 데레사의 모든 여행에 동행하다시피 한 아빌라의 줄리앙 신부와 함께 출발했다. 이 소수의 일행은 1567년 8월 14일 한밤중에 메디나 델 깜뽀에 도착하였다. 그것은 창립을 반대하던 사람들에게 그녀들이 이미 그곳에 살고 있다는 기정 사실을 보여 주기 위해서였으므로 작은 무리는 소리나지 않도록 걸어서 조용히 갔던 것이다: "하느님은 우리를 불쌍히 여겨 주셨습니다. 왜냐하면 그 다음날 투우가 행해지기 위해서 바로 그 시간에 황소들이 길거리에 풀리고 있었는데 다행히도 우리는 이 황소떼와 부딪치지 않았기 때문입니다."

창립에 관한 각본은 언제나 대체로 같았다. 먼저 누군가가 그녀에게 신호를 보내면, 그녀는 필요한 인가를 얻기 위해서 노력하기 시작한다. 때로는 아무것도 확실히 보장되지 않은 상태에서 돈도 지니지 않고서, 두세 명의 수녀만을 데리고 출발하는 일도 있었다. 갖가지 어려움을 겪은 뒤 가까스로 목적지에 닿아 그럭저럭 자리잡게 된다. 그러고 나서 집을 빌리든가 사면서 논쟁을 하기도 하지만, 미사를 봉헌하고 끝까지 그녀는 그것으로 실질적인 수도원 창립이 이루어졌다고 믿었다. 그러고는 소인수인 작은 수도원의 기초를 세우고 거기에 한 달이나 두 달 동안 머문 후에 다시 출발했다.

우리는 데레사가 몸소 열다섯 개의 수도원을 창립하면서, 그 죽음에 이르기까지 계속했던 여행중에 생긴 희비가 엇갈린 인상깊은 사건이나 그녀의 모든 발자취를 여기서 다 더듬어 볼 수는 없다: 마라곤과 발야돌리드(1568), 톨레도와 빠스트라나(1569), 살라망까(1570), 알바 드 도르메스(1571), 세고비아(1574), 베아스와 세빌리아(1575), 빌리아누에바 드 라 쟈라와 팔렌치아(1580), 소리아(1581) 그리고 마지막으로 부르고스(1582). 그녀는 카라바카에서의 창립(1576)을 성 알베르또의 아나에게, 또 그라나다의 창립(1582)을 예수의 안나에게 맡겼다.

남자 맨발 가르멜회의 개혁에 대단히 마음을 쓰고 있던 데레사는 아빌라 외의 최초의 창립인 메디나 델 깜뽀에서 그 창립을 위해 적합한 지원자를 찾기 시작했다. 그녀는 아빌라에서 안면이 있던 메디나의 완화 가르멜의 원장인 예수의 안토니오 신부에게 은근히 말을 건네 보았다. 이 뜻밖의 놀라운 제의에 그는 자기가 최초의 맨발 가르멜 수사가 될 작정이라고 그녀에게 선언했다: "나는 그가 농담을 하고 있으려니 생각했습니다. 그래서 그에게 이렇게 말했습니다: '당신이 그 개혁을 시작하는 것은 합당치 않다고 생각된다. 당신은 그것을 위해 필요한 정신이나 엄격함을 지니고 있지 않으며, 몸도 약하여 고행에는 적합하지 않으므로 …'." 그래서 그녀는 그에게 일 년 동안의 견습 기간을 가지도록 권하였다.

며칠 후 그때 아직 성 마티아의 요한이라고 불리던 메디나 수도원의 젊은 수사, 즉 장래의 십자가의 요한과 그녀는 만났다. 사실 이 수도원은 루베오 신부로부터 원시 원칙을 지키는 허락을 받았고, 요한 수사는 은수사의 회인 샤르트뢰즈(Chartreuse) 회로 옮길 생각이었던 것 같다. "어머니"인 데레사는 그에게 "주님은 우리에게 한 수도원을 주실 것입니다"라고 하며 마음을 바꾸게 하려 하였다. "그는 그것을 받아들여 너무 오래 기다리지 않는다는 조건으로 나에게 약속하였습니다."

이듬해인 1568년 8월에 그녀는 요한 신부와 함께 발야돌리드의 새 수도원에 갔다: "나는 그에게 우리의 고행, 우리의 형제애 그리고 공동 휴식 등 모든 것을 잘 이해시키기 위해서 우리의 생활 양식을 알려 주려고 했습니다. … 그가 나에게 배울 것은 아무것도 없었으나, 오히려 내가 그에게 배운 것이 훨씬 많았을 정도로 그는 훌륭한 분이십니다."

아빌라에 살고 있던 어떤 신사가 데레사에게 두루엘로에 있는 낡은 집 한 채를 기부하였다. 그래서 1568년 11월 28일에 안토니오 신부, 요한 신부 그리고 다른 한 수사로 남자 맨발 가르멜회의 첫 수도원이 창립되었다. "어머니 데레사"는 다음 사순절 때 톨레도로 가는 길에 그들을 방문하여 그녀의 최초의 아들들의 생활 모습을 보고 탄복하여 하느님을 찬미하면서 말했다: "나는 여기서 수녀들의 집을 시작하는 것보다도 훨씬 더 큰 은혜를 하느님으로부터 받았다는 것을 알았습니다."

두루엘로의 수도원은 정말 사람이 살 곳이 못될 정도로 허술했으므로 얼마 후 만세라로 옮겼다. 개혁의 움직임은 급속히 번져나가, 빠스트라나에 세워진 수련원에서는 많은 지원자가 몰려들었다. 그중에 뛰어난 한 사람이 있었는데 그가 그라시안 신부였다. 그는 수련을 마친 다음 데레사의 창립에 중요한 역할을 하게 된다. 1572년 베아스에서 그를 만난 데레사는 그의 덕과 재능에 탄복하여 그를 자기의 고백신부이자 마음의 벗으로 맞이하였다.

1572년에 데레사는 가스틸르의 가르멜회에 대한 모든 권한을 가지고 있던 도미니꼬회 회원인 시찰관 페르난데스 신부로부터 그녀가 전에 살았던 강생 수도원의 원장으로 임명받았다. 그때 그 수도원에는 150명의 수녀들이 있었는데, 그들 대부분이 데레사의 성 요셉 수도원 창립에 대해 반대하고 있었다. 그녀는 십자가의 요한을 이 대가족의 지도신부로 맞아들였다. 데레사와 요한 두 사람에 의해 데레사적 개혁이 확대되는 것을 막기 위해서 모든 권한을 가지고 있던 완화 가르멜의 수사 토스타도 신부가 그들에게 매우 심하게 했는데도 불구하고, 1577년 데레사의 임기가 끝나자 수녀들은 그녀를 재선하기를 원해 데레사와 십자가의 요한 두 사람에게로 형세는 완전히 역전되었던 것이다. 사실 데레사의 활동 초기에는 호의적이었던 완화 가르멜 수사들이 동요되기 시작했다. 혼란이 왔던 것이다.

영적 혼인과 마지막 싸움

데레사적 개혁에 연관되어 있는 분할된 관구의 여러 수도원에서 이루어진 선거에서, 1580년 6월 22일에 끝난 싸움에 관한 저 복잡한 사정을 여기서 다 말하는 것이 우리가 의도하는 바는 아니다. 그러나 거기에는 몰이해를 초래하고 편견을 선동하기 위한 많은 요인들이 개재되어 있었다. 예컨대 교황 사절들 중에도 세가는 데레사와 맨발 가르멜에 대해서 몹시 못마땅해했는가 하면 모르마네토의 데레사에 대한 호의, 이들 사절을 통한 교황의 모순된 개입과 또한 필립 2세가 왕으로서 자신의 권위를 몹시 염려하면서도 수도회 내부의 참된 개혁을 원하였고, 루베오 신부가 완화 가르멜에서 받은 그릇된 보고와 개혁자들의 대담함과 단정적인 언동에 불안해하고 있었다. 왜냐하면 데레사가 루베오 신부의 명령을 어기고 가스틸르뿐만 아니라 베아스에도 수도원을 창립하러 갔으므로 회의 총장인 그의 신뢰를 어느새 잃고 있었다. 그리고 또 데레사적 가르멜이 엄격함을 요구하는 것을 알고 두려워하는 안달루스의 가르멜회 수사들이 행한 궁정에서의 중상모략과 음모가 있었는데, 그것은 아마도 한 여성에 의해서 개혁이 이루어진 것에 대한 굴욕감에서 비롯된 것이리라. 1575년 성탄에 데레사는 그녀의 활동을 중지할 것과 임의로 한 수도원에 은거하라는 명령을 받았다. 마침 그때는 1572년 5월 13일 이후 강생 수도원의 고백신부였던 십자가의 요한도 완화 가르멜회 회원들에 의해서 톨레도에 감금되어 있었던 때이다.

자칫하면 그녀의 개혁 사업을 몽땅 잃어버릴 뻔했던 이 폭풍이 데레사를 몹시 괴롭히기도 했지만 그녀의 실력을 발휘할 절호의 기회를 가져다 주었다. 그녀는 고뇌와 실망의 순간을 경험하고 몸과 영혼이 지칠 대로 지쳤다. 그러나 그녀는 높은 지위에 있는 자기 친구의 중개로 루베오 신부와 필립 2세에게 편지로 조언을 하기도, 달래기도 하고 혹은 충고하면서 끝까지 굽히지 않고 싸웠다. 하지만 강제로 활동을 중지당한 그녀는 그동안 톨레도에서 〈영혼의 성〉을 사분의 삼 정도 완성시키고 또다시 그 여행을 계속했던 것이다: "만일 내 기억이 옳다면 나는 결코 난관이 두려워서 창립을 단념하거나 하지는 않았습니다. 여행하는 것, 특히 긴 여행이 내게는 언제나 고통스러운 것이었다 하더라도 말입니다. 그러나 한번 출발한 다음에는 내가 섬기는 분에 대해서 생각할 때, 그리고 그 새로운 집에서 하느님을 찬미하고 성체가 그곳에 계시다는 것을 생각할 때, 그 어려움은 나에게 아무것도 아닌 것같이 여겨졌습니다. … 어떠한 큰 괴로움이 있더라도 그리스도교를 위해 이토록 큰 은혜를 얻는 것이니 우리는 무서워할 것이 없습니다."

어떤 힘이 데레사를 전진시키고 있는 것 같았다. 그녀는 자기 생애의 끝날이 가까워짐을 느끼고 있었으며, 그때문에 자기의 임무를 마지막까지 완수하고 영혼들의 구원과 선익을 위해 할 수 있는 한 힘껏 이바지하고 싶어했다. 다른 이들과의 만남이나 넘칠 듯한 활동력으로 매일밤 서너 시간의 수면밖에는 취할 수가 없을 정도였는데, 이러한 것도 그녀 본래의 영원히 계속될 임무에서 그녀의 마음을 흩어지게 할 수는 없었다. 그 임무야말로 그녀 안에 언제나 약동하는 주님께 대한 사랑이었다. 그녀의 절대에의 소망과 천성적 경향과의 사이, 그리고 하느님을 향한 자기 존재와 세속을 향한 자기 존재 사이의 영적 일치는 드디어 실현된 것이었다. 활동과 관상은 이미 그녀에게 있어서는 다만 한 사랑의 일치 중에서 체험된 동일한 현실의 두 면이었을 뿐이다. 마치 "마르타와 마리아"가 서로 잘 조화되는 것과 같다.

"영적 혼인"이라는 은혜를 1572년 11월 16일에 받았을 때, 그녀는 그 신비적인 여정의 마지막 단계를 넘어섰다. 그때 데레사는 강생 수도원 원장으로 있었는데, 영성체 때 십자가의 요한은 일부러 그녀에게 반으로 쪼갠 성체를 주면서 제욕의 기회를 주려고 했다. "주님은 내게 이렇게 말씀하셨습니다. '두려워 말라, 나의 딸아. 아무도 내게서 너를 떼어 놓을 수는 없을 것이다.' 그리고 나에게 이것이 중대한 일이 아니라고 깨닫게 해주셨습니다. 그런 다음 그분은 다른 때와 같이 내 마음 깊숙이 상상적 환시로 모습을 나타내셨습니다. 그분은 내게 오른손을 보이시며 말씀하셨습니다. '이 못을 보라. 이는 네가 오늘부터 나의 배우자가 되는 표이다. 너는 지금까지는 이 못에 합당치 않았으나 오늘부터는 네 창조주, 너의 임금, 너의 하느님으로서 나의 영예를 받는 것이 아니고, 나의 배우자로서 나의 영예는 네 영예이고 너의 영예는 나의 영예이다.'"

이것은 여태까지 미완성이었던 그녀의 그리스도와의 일치가 지금은 일변하여 완결된 결정적인 일치가 되었다는 것을 뜻한다. 아마도 데레사에게 상호 위격의 이렇듯 생생한 연결 안에서 하느님이 그녀에게 당신을 주시는 것을 이해시키기 위해서 정하신 삼위일체의 지적 환시를 데레사가 받은 것도 이 시기부터이다. 하느님의 끊임없는 현존에 살면서 충만, 평화, 확신 그리고 안정된 상태에 있으면서도 인간으로서의 자기 유한성 때문에 무의식중에 행하기 쉬운 불완전이나 실패에서 데레사는 보호되고 있지는 않았다. 또한 죽음으로써만 완성되는 하느님을 향해 가는 영적 도상에서 필요한 고통이나 어려움에서도 그녀는 보호되어 있지는 않았다.

사실 그녀는 농도 짙은 내적 생활 때문에 우선 육체적으로 지쳐 있었으며, 그 결과 그녀의 신체에 영향을 미치고 있었다. 고행이나 궁핍이나 수면 부족 등에서, 또 어렵고 긴 여행에서, 개혁과 창립의 헤아릴 수 없을 정도의 노고에서, 세월과 함께 더해 가는 끊임없는 질병 등에 의해서였다. 게다가 불행히도 1577년 12월 24일 그녀는 아빌라의 성 요셉 수도원의 층계에서 넘어져 왼팔을 부러뜨렸다. 회복이 순조롭지 않아서 5개월 후 다시 그 부분의 뼈를 부러뜨려 접골하기 위해 치료사 한 사람을 데려오기도 했으나 끝내 그녀의 왼팔은 부자유스럽게 되었다.

가족에 대해서 말한다면, 1580년 6월 그녀의 은인이자 제자이기도 했던 동생 라우렌시오가 죽은 다음 여러 가지 성가신 일이 많아졌다.

그녀가 개혁한 또 하나의 남자 가르멜에서는 사제들이 그녀에게 한껏 친절하고 그녀의 권고를 듣고는 있었으나, 그녀는 그들이 조금씩 멀어져 가는 것을 느끼고 있었다. 그리고 사도직에 관상을 결부시킨다는 "어머니 데레사"의 정신에 따라 노력하고 있는 이들과 회칙을 지나치게 엄격히 따르는 것만을 완덕으로 잘못 알고 어떻든 잠심을 지키려고 전 노력을 기울이고 있는 이들간에 생긴 의견 충돌의 첫 징조도 그녀는 감지하고 있었다. 몇가지 표지로써 그녀의 사후에, 생애 동안 그녀의 오른팔이자 마음을 터놓고 있던 친구이며 제자이기도 한 그라시안 신부가 회에서 추방되리라는 것을 그녀가 이미 예감하고 있었던 것도 우리는 추측할 수 있다.

그밖에도 그녀는 자기 딸들에게서 더욱 심한 괴로움을 당했다. 어떤 딸들에게서는 정신이 이완된 것을 깨달았으며, 젊은 원장들은 존경심마저 결핍되어 스스로 독립하고자 하는 기미를 보이고 있었다. 1582년 9월 발야돌리드에 갔을 때에는 그곳 원장으로부터 쫓겨나왔고, 그 며칠 후 메디나에서는 "어머니 데레사"의 말을 언짢게 여긴 원장이 자기 수방에 들어가서 나오지 않았다.

데레사는 고독을 느꼈고 그 고독감은 점점 깊어져 가고 있었다. 그녀는 "이미 아무것도 할 수 없으며 늙고 쇠약해졌음"을 느꼈으며, "모든 것이 그녀를 피로케 했다". 그녀는 1581년 5월 24일, 그라시안 신부에게 이렇게 썼다: "나는 지금까지 많은 고통을 견디어 왔기 때문에 어떠한 어려움이 내게 닥쳐오더라도 참아낼 수 있으리라고 생각합니다."

 1582년 1월 2일, 한겨울이었음에도 불구하고 예순일곱살의 그녀는 부르고스 수도원의 창립을 위해 또다시 떠났다. 바야흐로 그것은 갈바리아의 마지막 길이었던 것이다. 괴로운 여행이었다. 그녀는 목에 염증이 생겨 아주 적은 음식만 넘겨도 화농된 상처에서 피가 흘렀다. 게다가 고열과 심한 오한에 시달렸다. 알란쫑을 지났을 무렵 폰돈이라는 곳에서 물이 다리 위로 넘쳐흘러 사륜마차가 더이상 앞으로 나갈 수 없게 되자, 데레사는 자기가 만일 빠져 죽으면 일행은 즉시 되돌아가라고 말하고는 제일 먼저 그곳을 건너갔다. 부르고스에서 대주교는 그녀가 바라는 대로 승인해 주기를 무척 난처해했으나 데레사는 쉽게 단념하지 않고 석 달 동안 버틴 끝에 결국 허락을 받아낼 수 있었다.

 이제 데레사는 아빌라의 사랑하는 작은 성 요셉 수도원에서 그 생애를 마치려고 다시 출발했다. 그러나 도중에 메디나의 숙소에서 안토니오 신부에게서 알바 드 도르메스로 가라는 명령을 받았다. 그곳에서 해산할 예정인 공작 부인이 그녀와 만나기를 원했기 때문이었다. 그녀는 이미 지쳐 있었으나 명령에 따랐다. 그래서 알바에 도착하자마자 자리에 눕지 않으면 안되었던 것이다. 9월 20일 저녁 6시에 그녀는 절규했다: "주님, 저는 지쳐 버렸습니다. 여러 해 동안 나는 이렇게 일찍 자리에 든 일이 없었습니다." 그런데도 다음날 수녀들과 공동기도를 바치기 위해서 그녀는 일어났다. 그리고 매일 그릇된 일을 바로잡고 여러 가지 일을 처리하기 위해, 또 방문자들과 만나기 위해 그녀는 분주하게 움직였다.

 9월 30일 데레사는 출혈했으며 자리에 눕게 되었다. 그녀는 여기서 죽으리라는 것을 잘 알고 있었다. 데레사는 수녀들에게 자신이 끼친 나쁜 표양에 대해서 용서를 청하고 마지막 권고를 주었다. 10월 3일 고백을 마치고 영성체와 병자성사를 받았다. 안토니오 신부가 성체를 모시고 왔을 때 그녀는 큰소리로 "나의 주님, 나의 거룩하신 정배여, 그렇듯 바라던 때가 이제야 왔습니다. 나의 사랑하는 분, 나의 주님, 우리가 만날 때입니다. 자,

갑시다. 시간이 되었습니다. 주님의 뜻이 이루어지기를 …" 하고 말했다. 그런 다음 그녀는 되풀이했다. "그리고 주님, 저는 교회의 딸입니다."

다음날 밤, 그녀는 몹시 괴로워하면서도 통회의 시편 50을 읊고 있었다. 10월 4일 하루 종일 묵상기도 속에 깊이 잠겨 있었다. 그리고 그날 밤 9시에 그 영혼을 하느님께 돌려 드렸다.

"하느님과 즐기기" 위해서 순교하기를 원했던 옛날의 그 어린 소녀가 예순일곱살 나이로 귀천할 때 드디어 그 목적을 성취한 것이다. 하느님을 뵙고 싶은 소망과 그 현존의 체험으로써 한 생을 불살랐던 것이다.

사실 그녀는 참된 순교의 보상으로 그 행복을 획득한 것이다. 즉, 끊이지 않는 질병으로 인한 육체적 고통, 계속된 온갖 종류의 싸움, 즉 이 세상 즐거움이 주는 매력과 영원한 행복의 기쁨과의 사이의 상극, 신비적인 상승의 길에서 미지의 행진의 두려움을 극복해 가기 위한 싸움, 개혁을 시작하고 그것을 끝까지 지키고 첫 영감을 끝내 같은 상태로 지속시키기 위한 싸움들을 거쳐서 데레사는 죽음과의 최후의 싸움을 준비하고 있었던 것이다. 그녀는 그 한 생을 그리스도와 함께 살기 위해 자신을 버리고 자기 자신에 죽고 마침내 마지막 싸움에 이겼던 것이다. 죽음은 데레사에게 오랫동안 기다리고 있던 동경의 성취로, 그리고 진실한 생명의 시작으로서 갑자기 찾아온 것이었다.

데레사는 그녀 전 생명의 의미였던 이 "사랑"의 마지막 비약을 통해 옮겨져 그대로 곧장 영원 안에 들어갔던 것이다.

인 간 상

아빌라의 데레사의 고백신부이자 또한 첫 전기 작가이기도 했던 리베라의 프란치스꼬 신부는, 그 시대의 사람들이 인정하고 있었던 그녀의 신체적 매력에 대해서 1590년에 다음과 같이 묘사하고 있다: "그녀는 키가 컸다. 젊은 시절의 뛰어난 아름다움은 만년에 이르러서도 사라지지 않았고 변함없이 아름다웠다. 그녀는 몸이 부한 편이었고 흰 피부에 얼굴은 둥글고 복스러웠으며 대단히 균형이 잡힌 아름다운 윤곽을 이루고 있었다. … 머리는 검은 고수머리에다 이마는 넓고 반듯했으며 짙은 밤색 눈썹은 초생달 모양이었다. 그다지 깊지 않은 검고 둥근 눈은 보통 크기였으나 맑고 사랑이 담겨 있었다. … 코는 작았으며 뿌리는 낮고 끝은 둥그스름하니 조금 아래로 쳐져 있었다. 콧구멍은 화살 모양으로 작으며, 크지도 작지도 않은 입은 윗입술은 얇고 일직선이고 아랫입술은 두툼하고 약간 처졌다. 이는 고르고 턱은 균형이 잘 잡혔으며 귀는 크지도 작지도 않았다. 목은 굵고 그다지 길지 않았으나, 손은 대단히 작고 아름다웠다. 또한 그녀의 얼굴 왼쪽에 있는 세 개의 작은 검은 점은 참으로 애교스러웠다. 점은 코의 중앙에서 좀 아래쪽에 또 코와 입 사이에 그리고 입 아래 있었다. 지금 말해 온 이 특징들은 늘 가까이서 그녀를 보아 오던 이들에게서 내가 들은 것이다. 왜냐하면 이들은 나보다 훨씬 쉽게 데레사를 자세히 관찰할 수 있는 곳에 있었기 때문이다. 결국 그녀에 대해서 말하자면 모든 것이 완전한 것 같이 생각되었다. 그 풍채는 당당하였고 거동은 품위가 있으면서도 아주 우아하였다. …"

그라시안 신부의 명령으로 1576년 세빌리아에서 그려진 초상화를 본 "어머니 데레사"는 그 작가인 자비의 요한 수사에게 말했다: "아이고, 정말, 요한 수사님! 하느님이 당신을 용서해 주시기를! 당신은 나를 아주 지지리 못난이로 그랬군요!"

　그녀의 지성은 직관적이고 살아 있고 예리했다. 기억력의 쇠퇴는 - 그녀는 이것을 늘 탄식했는데 - 동화 흡수(同化吸收)의 뛰어난 능력으로 보충되고 있었다. 만일 그녀가 독서나 담화나 혹은 지도자들에게서 많은 것을 받았다면, 그것은 그녀가 받은 이 많은 것들을 자기 체험의 도가니 속에서 재형성하여 온전히 자기 것으로 삼았기 때문이다. "자기 내적 생활을 묘사했을 때의 데레사의 방법은 지도자들의 도움을 받은 것도 아니고, 독서에 의지한 것도 아니었다. 그것은 그녀가 지닌 신앙의 정열, 느긋이 동화되어 가는 풍요로움, 그리고 정신의 원숙함에 의해서였다." 그녀는 자기가 경험한 길에서만 진리를 얻은 듯이 보인다. 추상적인 것이나 순 이론적인 것은 그녀에게 전혀 이해되지 않았다. 그녀의 경향은 온전히 실제적이다. 천성적으로 외향적인 그녀에게는 타인과의 접촉이나 교제가 필요하였다. 그녀는 자기 내면의 단계를 묘사했는데 - 남의 부탁에 의해서였다 - 아무런 구애 없이 할 수 있는 대로 객관적으로, 정확하고 명쾌하게 자기가 알고 있는 것만을 말했던 것이다. 쉽게 감격하는 강한 감수성은 깊은 인내로 자제함으로써 잘 조절되었다. 또한 그녀는 설명이 이해하기 어렵게 되면 그 이해를 돕기 위해서 눈에 보이는 수많은 것을 비유로써 사용하고 있다: 양수기, 새, 누에, 물, 성채 등.

　그녀는 영신생활에 필요한 학습에 열중하고 있었다: "나는 언제나 학식을 소중히 여겼습니다. 무엇이나 도움이 되는 학식과 교육은 좋은 것입니다."

　그녀는 자기를 그르치게 한 어중간한 학자들을 매우 신랄하게 비난하고 있다. 결국 참으로 덕이 높고 학식이 없는 경건한 사람보다도, 경험이 없더라도 훌륭한 신학자 편이 낫다고 그녀는 생각하게 되었다. 그녀에게 있어서 진리의 빛은 다른 무엇보다도 대단히 중요한 것이었다. "주님, 우리에게 빛을 주십시오. 뚜렷이 보고 싶어도 볼 수 없는 태생 소경보다도 우리에게 더한층 이것이 필요하다는 것을 생각해 주십시오."

데레사는 지칠 줄 모르는 소망에서 교회의 참된 진리를 인식하려고 힘썼다. 이 목적을 위해 그녀가 상담한 사제는 89명이나 되었다(그녀의 미완성의 비망록 참조).

그녀는 진짜가 아닌 영적 생활을 잘 간파하고 거짓된 신비를 확실히 식별했다. 그녀는 사람들이 자신의 이성을 올바르게 사용하길 바랐다: "우리가 이성을 자유롭게 이용하는 것을 방해하는 모든 것을 잘 경계해야만 한다는 것은 당연합니다. 그도 그럴 것이 그것은 우리가 정신의 자유를 얻는 것과는 같은 것이 아니기 때문입니다."

아빌라의 데레사의 필체는 그녀의 인품을 생생하게 반영시키고 있다. 그녀는 직접 말을 하듯이 - 더 정확하게 말하자면 - 그녀는 있는 그대로를 쓰고 있다. 읽는 이에게는 그녀가 직접 말하고 있는 것처럼 느껴진다. 그리고 그녀는 언제나 "공증인"과 같은 속도로 대단히 빨리 썼다. 다시 읽어 보지도 않고 - 그녀에게는 그럴 시간이 없었다 - 또 문장의 규칙이나 논술의 순서도 아랑곳하지 않았다. 실제로 그녀는 자기 생각을 충실히 따라가지만 때로는 오랜 탈선 - 그것은 결코 쓸데없는 말들은 아니다 - 후에 그대로 버려 두었던 본래의 자리로 어김없이 되돌아왔다.

경험이 풍부한 학자의 가르치는 방법을 모르는 사이에 본뜨고 있는 그녀를 보는 것은 참으로 재미있다.

이것이 드러나는 대표적인 예는 그녀가 쓴 것을 읽는 이들에게 또는 고백신부들에게 주는 조언이다. 또한 그녀는 한 문장 안에서 "나"라고 하던 것을 갑자기 "우리"라고 바꾸어 말하거나 혹은 그 반대로 말하는 버릇도 있었다. 그녀는 가끔 다음과 같은 일반적인 격언을 인용한다: "진리는 고통을 받으나 멸망하는 일은 없다"라든가, "인생이란 초라한 여인숙에서 보내는 하룻밤에 지나지 않는다". 이와같이 일상생활에서의 그녀는 결단성 있는 실제가이고 그때그때의 상황에 따라서 적절한 결정을 생각해 냈다. 더구나 "필요한 것을 아는 것은 덕이다"는 격언을 잘 터득하고 있어 "값을 깎는 데 능란하고 일을 잘 처리하는 수완가"였다. 단순하고 곧은 그녀는 직위나 사회적 관례에 좌우되지도 않았다.

데레사에게 라틴어로 편지를 보낸 가르멜회의 어느 수녀에게 그녀는 다음과 같이 회답을 썼다: "당신 편지에 이 라틴어가 없었더라면 정말 좋았을 텐데. 하느님께서는 내 딸들 모두를 라틴어 학자가 되지 않게 부디 지켜 주시옵기를!" 그녀는 박학한 체하는 것과 잘난 체하는 것을 모두 좋아하지 않았다.

더구나 놀라운 일은 그 성격의 강함이다. 언제나 병약하고 걱정에 짓눌리면서도 자기가 친히 창립한 수도원들을 계속 지도하고, 그 개혁을 관철하고, 새로운 창립을 계획하고, 수많은 편지에 답장을 쓰고 — 새벽 두세시까지도 썼다 — 그럼에도 불구하고 "아침에 제일 먼저 일을 시작하는" 것은 데레사였다고 한다. 많은 투쟁 중에서도 그녀는 언제나 안온했다. 만일 아무 일도 생기지 않을 때에는 그녀는 오히려 그것을 이상하게 여기는 것 같았다. 그녀의 내심의 기쁨은 언제나 유쾌함, 노래, 시 혹은 아주 순진한 장난 같은 데서 드러났다.

그러나 가르멜회 혹은 교회의 영혼들의 선익에 관한 문제에 대해서는, 그녀는 한걸음도 양보하지 않았다. 만일 어느 수녀가 자기를 온전히 하느님께 봉헌하지 않으면 그녀는 집으로 되돌려 보내졌다. 예수회의 관구장과 의견을 달리하는 어떤 문제에 대해서 그녀는 이렇게 쓰고 있다: "하느님을 섬기는 문제에 대해서는 예수회 전체도 또한 전세계도 내가 전진하는 것을 방해할 수는 없다고 원장님께 단언했습니다." 또 어떤 때, 그녀는 이렇게도 쓰고 있다: "양심의 문제에 관해서일 때는 우정은 이유가 되지 않습니다. 왜냐하면 나는 인간에게보다는 더욱 하느님께 대해서 의무가 있기 때문입니다." 데레사는 가능한 모든 방법을 다해 가르멜의 여러 관구와의 관계에서 독립할 것을 그라시안 신부에게 청했다.

그러나 개인적으로 고발당했을 때에 그녀는 변명하지 않는다. 그러기에 교황사절 세가가 그녀에 대해서 "침착치 못하고, 변덕스럽고, 불순명하고, 또한 신심을 핑계삼아 재판에 결석하는 여자 그리고 그릇된 교설을 만들었으며, 성 바울로는 여자들은 교회 안에서 잠잠하라 하였는데 마치 학자나 된 듯 가르치며, 장상들과 트리엔트 공의회의 규정을 위반하여 봉쇄 밖을 싸다니는 여자"라고 비난했을 때도 그녀는 침묵하였다.

이 정력적이고 하느님을 위해서는 요구가 많았던 여성에 대해서 J.K. 위즈망은 "무쇠로 만들어진 백합" 같은 인상을 받았다고 했는데, 그러나 "그녀는 참으로 친절하였다"라는 전적으로 모순된 말도 덧붙이고 있다. 하지만 실제로 데레사는 전혀 그와 반대형의 여성이었다. 그녀를 활기있게 하는 것은 차가운 의지가 아니라 하느님과 이웃에 대해 타오르는 사랑의 마음이었다. 그녀는 과실이나 착오는 인정했지만 미지근한 것은 용서하지 않았다. "불행하게도 나는 사랑하면 할수록 점점 더 작은 잘못을 참을 수 없게 되었습니다. 그런 작은 잘못을 참지 못한다는 것은 어리석은 짓이고 그 잘못으로써 경험을 쌓아 간다는 것도 나는 잘 알고 있습니다. 그러나 만일 그 잘못이 중대한 것이라면 어떤 누구도 절대로 다시 회복할 수는 없습니다."

뛰어난 식견으로 그녀는 만사에 지나치지 않도록 마음을 쓰고 있었다. 그러므로 동생 라우렌시오에게도 이렇게 써 보냈다: "하느님께서는 당신의 건강을 고행보다도 더 원하십니다." 라우렌시오에게 또 충고한다: "유효하게 쓰여지는 시간, 가령 아이들의 선익을 위해 당신이 헌신하는 시간은 묵상기도하는 데 방해가 되지는 않습니다. … 야곱이 양의 무리를 돌보고 있었다고 해서 그가 보잘것없는 성인이라고 말할 수는 없지 않습니까?"

살라망까에서의 창립 때의 일이다. 그날은 11월 2일이었는데, 한밤중에 망자 종소리가 울리는 것을 듣고 한 수녀가 겁에 질려 그녀에게 말했다: "원장님, 만일 내가 여기서 갑자기 죽는다면 혼자서 어떻게 하시겠습니까?" 그녀는 아무렇지도 않은 듯 대답했다: "자매여 만일 그런 일이 생긴다면 그것은 그때 가서 생각해 봅시다. 지금은 부디 나를 잠들게 해주시오." 이처럼 그는 대단히 유머가 풍부하였다. 그것은 그녀의 식견에서 나온 것이었다.

말하자면 "그녀는 좋게도 아니고 나쁘게도 아닌, 사람을 있는 그대로 보고 있었다. 자기 뜻에 일치하는 사람을 만나지 못하더라도 성내거나 투덜거리지는 않았다".

그녀 자신이 자기를 남보다 뛰어나다고는 결코 생각하지 않았다. 어느 날 그녀는 이렇게 고백하였다: "나는 어떻게 할 바를 몰라서 주위 사람 모두에게 고함지르고 싶습니다" 혹은 "나는 아무것도 생각지 않고 되는대로 나를 내맡기고 있는 것 같습니다. 고통도 없고, 명예도 없고 … 영혼은 마치 햇풀을 뜯어먹는 한 마리의 새끼 나귀와 같습니다". 그리고 "만일 내가 반대를 당한다면 하느님을 위해서 개미 한 마리 죽일 용기조차 갖지 못할 것입니다". 철저한 낙관주의자였던 그녀는 각 영혼의 자유가 존중되고, 또한 하느님의 은총에 의지해서 각자가 진보해 가는 것을 원하고 있었다. "부드럽게 영혼을 인도해 가지 않으면 안됩니다." 데레사의 인품은 매우 섬세하고 속이 깊었으며, 그리고 남에게 대한 특히 병자에 대한 참된 이해심을 가지고 있었다. 이런 것은 그녀가 쓴 편지 안에 참으로 잘 나타나 있다.

데레사는 여성이라는 것 때문에 사도직을 행할 수 없음을 탄식하고 여성의 수많은 약점에 가차없는 비판을 가한다. 예컨대 신체적인 약함, 감정적인 것, 명석치 못한 신앙심, 겁 많은 것, 감화되기 쉬움 등을 볼 때 그녀는 여성으로 태어난 것을 유감스럽게 여겼던 것 같다. 그녀가 환멸에 차 외치는 것을 보면 더욱 그렇다. 즉, "나는 여자라는 것만으로도 벌써 용기가 없어지고 맙니다". 또는 "결국 나는 아무짝에도 쓸모없는 가련한 여자입니다". 그리고 그녀는 분명히 긍정하는 것이다: "나는 눈물과 탄식으로 차가운 마음을 갖고 있습니다"라고. 그녀의 딸들에게 무슨 일이 생겼을 때, 그녀들이 자기처럼 용기와 힘을 가지고 행동하게끔 한 것도 역시 사실이다. 예를 들면 수녀들이 서로 애정이 깃든 말을 주고받는 것을 그녀는 좋아하지 않았다. "여성들 특유의 좋지 않은 습관이 거기 있기 때문입니다. 나는 그것을 원치 않습니다. 딸들이여, 무슨 일에서나 그리 여성스럽지 않기를. 그런 여성스러움을 드러내지 말고 사나이답게 굳세기를 바랍니다. 만일 그대들이 할 바를 다 지킨다면 주님은 남자들조차 놀랄 정도의 씩씩함을 그대들에게 주실 것입니다."

어느 날 도미니꼬회의 관구장이 바네즈 신부에게 농담으로 말했다: "당신은 나를 속였더군. 당신은 나에게 어머니 데레사는 여성이라고 하지 않았어요? 정말 그녀는 내가 알고 있는 가장 긴 수염을 가진 남자더군요."

그러나 실제로 데레사는 열등감 없이 온전히 여성답게 살고 있었다. 그것은 그녀의 인간으로서의 전적으로 여성다운 매력에서 우선 확인된다.

또한 그녀가 아버지나 형제들에게 품고 있던 애정, 특히 무엇이나 다 터놓고 지내던 로드리고 오빠에 대한 애정은 그녀의 건전한 정서 발전을 도와 주었던 것이다. 후에 그녀는 자기 수녀들뿐만 아니라 조카들, 또 그녀가 자기 아들들처럼 여겼던 개혁 가르멜의 수사들에게 대해서까지도 헌신적으로 어머니의 마음을 개화시켰다. ― 그녀의 서간 안에 수많은 증거가 있다 ― 그리스도와 위격적인 연결 속에서 아가에서 볼 수 있듯이 그리스도교적 영성에서 전통적이고 신비적인 하느님의 정배이기를 자원했던 것이다.

데레사는 마리아노 신부에게 이렇게 써 보냈다: "신부님은 한 지원자를 만날 때 즉시 그녀를 이해할 수 있다고 하셨는데 그것은 농담이시겠지요! 우리 여성들을 그렇게 쉽게 이해할 수는 없습니다. 신부님은 몇 해 전부터 그녀들의 고백을 듣고 계시지만 어느 날 반드시 그녀들을 잘 이해하지 못했다는 것을 아시고 놀라실 것입니다. 그녀들은 자기 자신을 잘 모르면서 자기 죄를 고백합니다. 그런데 신부님은 그녀들의 그러한 이야기에 따라 판단하고 계십니다." 또한 그라시안 신부에게는 "수녀들이 신부님에게 말하는 것을 믿지 마십시오. 나는 신부님에게 이것을 분명히 말씀드릴 수 있습니다. 그녀들은 만일 물건 하나가 갖고 싶으면 신부님에게 천 개의 물건이 갖고 싶은 듯이 말할 것이기 때문입니다"라고도 쓰고 있다.

알칸타라의 베드로 수사가 말한 것을 데레사가 되풀이할 때 그녀는 자랑스럽게 느끼지 않았을까? 그녀 스스로가 이를 인정하고 있다. "완덕으로 나아가는 데는 여성들이 남성들보다 훨씬 뛰어나게 진보하리라고 그는 말씀하셨습니다. 여성들에 대해서 온전히 호의적인 이런 말들을 여기에 인용할 필요는 없지만, 대단히 훌륭한 이유를 말씀하고 계셨습니다."

그녀에게는 1554년의 회심 후에도 넘칠 듯한 애정이 엿보인다. 그러나 그녀가 십자가의 성 요한보다도 오히려 그라시안 신부와 맺은 우정이 더 돈독해 보이는 것은 참으로 뜻밖의 일이다. 여기에 데레사의 심리적인 작은 수수께끼를 지적하지 않을 수 없다. 실제로 그라시안 신부의 영적 · 인간적인 모든 장점들, 특히 어린이와 같은 깨끗함은 십자가의 요한과 비교되지 않았다. 더구나 십자가의 요한은 "데레사"의 개혁의 개척자, 조언자 — 그녀는 그를 "세네키토"(senequito)라고 불렀다 — 그리고 영적 지도자이기도 했다. — 그의 지도로써 그녀는 "영적 혼인"에 도달하였다 — 확실히 그녀는 십자가의 요한에게 깊은 애정을 지니고 있었고, 그를 매우 존경하였다. 그녀는 그를 성자라고 생각하고 있었다. 그녀는 예수의 안나 수녀에게 다음과 같이 쓰고 있다: "십자가의 요한 신부님은 이 세상 분이 아니라 하늘에 사시는 분이십니다. 나의 딸이여, 나는 이것을 당신에게 말할 수 있습니다. 그가 떠나신 다음 온 가스틸르 지방에서 다시는 그분과 같은 사람을 나는 단 한 사람도 찾아볼 수 없었고, 천국을 위해 이렇듯 큰 열성을 전해 주시는 분도 찾아볼 수 없었습니다. 당신은 그분이 나를 얼마나 심한 적막 속에 버려 두고 가셨는지를 전혀 상상할 수도 없을 것입니다. 잘 생각해 보십시오. 당신에게 있어서 이 성자는 보화인 것입니다." 후에 그녀는 필립 2세에게 그를 톨레도의 감옥에서 해방시켜 달라고 청하기도 하였다.

그럼에도 그녀는 "나의 파블로"라고 개인적으로 특별히 부른 그라시안 신부에 대해 느꼈던 부드러움과 친밀, 그리고 활기있고 뜨거운 우정을 십자가의 요한에게서 느끼지는 못했다. 확실히 그녀는 십자가의 요한의 타고난 겸허한 성격 아래 숨겨져 있는 저 강한 감수성을 알고 있었다. 그러나 그와 함께 있을 때면 감정 표현을 억제하려고 애쓰던 성인의 완전히 몸에 밴 자제로 대단히 활동적이고 자발적인 데레사의 마음에 언제나 타협할 수 없는 측면을 남기곤 했다. 십자가의 요한의 "하느님 안에서 너를 찾아라"는 말씀에 대한 그녀의 주석을 보면 그들 두 사람이 삶의 방법이나 느낌에 있어서 같지 않았다는 것을 잘 알 수 있다. 그녀는 이렇게 주석하고 있다: "어떤 일이 일어나도 완전한 관상만을 원하는, 지나치게 영적인 사람들에게서 하느님은 나를 지켜 주십니다."

그녀가 귀천하기 겨우 일 년 전쯤인 1581년 11월 28일, 한 친구에게 이렇게 썼다: "나는 가능한 한 당신을 번거롭게 하지 않으려고 했는데 벌써 많은 피로감을 주었군요. 오늘 오후 우리 회의 사제 때문에 나도 피로했기 때문입니다." 이 사제는 창립 관계로 그녀를 마중하러 왔다가 다시 혼자서 되돌아가 버린 십자가의 요한이었다.

아빌라의 데레사의 마음속에 십자가의 요한에게보다 그라시안 신부에게 대한 우정이 더 깊이 자리잡은 것은 아마도 이 두 사람이 서로 닮았다는 점에 있었던 것 같다. 그러므로 그것은 이치로는 해결할 수 없는 일이고, 그것이 가장 좋다고도 할 수 없으나 그러나 당연한 결과라고 말할 수 있다.

이제 데레사의 어려운 병에 대해서 잠깐 살펴보기로 하자. 그녀의 육체적 저항력은 그녀의 놀라운 활동력으로 미루어보아도 분명히 알 수 있다. 또한 그 정신의 건전함이나 지적 균형의 조화도 의심할 여지가 없다. 그렇지만 그녀는 일생 동안 심적·육체적으로 갖가지 병마에 시달렸다. "나는 언제나 그리고 지금도 역시 병자입니다." 그 병들을 여기에 적어 보기로 하자. 즉, 목의 염증, 치아, 머리, 허리, 위, 간 등의 불편, 류머티즘성의 통증, 열, 감기, 또 그 당시 유행하던 말라리아나 갱년기 장애 등의 이런 일반적인 질병은 그녀의 선천적인 체질에서라기보다는 오히려 그녀가 겪었던 시련 때문이라고 말할 수 있다. 즉, 영양 부족, 고행, 수면 부족, 환절기마다 심한 한서의 기후, 무척 어려웠던 여행 ─ 그녀는 7,000km나 걸었다고 한다.

게다가 그녀는 늘 실신과 구토증을 호소하고 있었다: "특히 이십 년 동안 매일 아침 나는 토했습니다. 그때문에 한낮까지 때로는 더 늦게까지 아침 식사도 할 수 없을 정도였습니다. 영성체를 더 자주 하게 되고서부터는 저녁에 쉬기 전에 구토증은 더욱 심해졌습니다. 그래서 나는 깃털을 사용하거나 혹은 다른 방법으로 좀 일찍 토하게 해야만 되었습니다. 만일 그렇게 하지 않으면 여간 고통스러운 것이 아니었기 때문입니다. 나는 거의 한 순간도 심한 고통을 느끼지 않은 채 편히 지낸 적이라곤 없습니다. 고통 중에 특별히 심장의 통증은 여간 어려운 고통이 아니었습니다."

그녀가 생의 마지막까지 고통받은 이 가슴앓이에서 전혀 심장병의 증세를 인정할 수는 없다. 한편 그 괴로움은 그녀가 심리적으로 도저히 견딜 수 없다고 느낄 때 동시에 일어나든가 혹은 더욱 심해진다. 그것이 처음 일어난 것은 그녀가 아우구스티노회의 기숙사에서 사촌과의 일시적인 사랑에 빠지고 나서였다. 그리고 수도원에 들어가기로 결심하기 전과 또 첫 서원 후였다. 하마터면 죽을 뻔했던 1539년의 심한 발작은 그녀에게 후유증을 남겼다. 그것은 주기적으로 그녀를 괴롭혔던 신경에서 오는 떨림이 동반되는 마비였다. 수도원 응접실에서 방문객과의 담화를 끊으려고 노력했을 때 혹은 그 개혁에 대한 반대가 생기거나 또 그라시안 신부로부터 괴로움을 당했을 때라든가 가족 사이의 갈등으로 생긴 고민 때에도, 어떤 때는 중하게 때로는 가볍기는 했으나 반드시 재발하는 것이었다. 1581년 고명한 의사인 안토니오 아귀아르가 부르고스에서 그녀를 진찰했으나 "그 아픔의 원인을 찾아내는 것은 불가능했다. 왜냐하면 그의 몸은 병의 소굴이었으니 … 그보다도 병의 주원인은 심리적인 원인에서였다"고 했다.

1580년 마라곤에 있던 "어머니 데레사"는 팔이 마비되어 움직일 수가 없어서 거의 방안에만 있었는데, 누가 와서 하라의 빌리아 누에바에서의 새 수도원 설립 이야기를 하자 아픔도 잊고 즉시 일어났다고 어떤 이는 증언하고 있다.

그녀의 병에 관한 진단상에 대해 언급하는 것은 위험하다. 그러나 관찰

된 증세들로서 심인성(心因性)의 장애로 생각할 수가 있다. 지난 세기의 여러 명의 저자들 가운데 하나인 예수회원 하안 신부가 내린 히스테리라는 가정은 뚜렷한 다른 이유에 의해서 긍정할 수가 없다. 아마 그것은 일종의 신경증으로 볼 수 있으며, 그 원인이 모계의 유전에 의한 것인지 혹은 그녀의 아버지가 나바르의 전쟁터에서 돌아왔을 때 처음 나타난 증세 안에서 찾아볼 수 있는 것인지 분명치 않다. 그러나 데레사의 절대적인 그리고 정열적인 기질을 생각해 볼 때 우리는 보다 더 만족할 만한 설명을 할 수 있다. 그녀의 행동은 그 생명 안에 감추어진 갈등을 드러내 보여 주고 있다. 그녀의 필적을 필상학적으로 분석해 보면 "비극적인 모순, 마음의 드라마, 갈등"이 드러나 있다. 한편으로 그녀는 산다는 것과 자연과 사회의 기쁨을 맛보는 것을 온몸으로 열망하고 있었다. 그녀에게는 감동, 활동, 실행이 필요하였다. 그러니 또 다른편으로는 절대적인 정열가였던 그녀는 "모든 것은 허무이고" 그러므로 하느님만이 그녀의 모든 갈망에 완전히 응답해 주실 것이라는 확신을 이미 일곱살 때부터 마음속 깊숙히 간직하고 있었다. "하느님" 이외에는 다만 기만과 착각밖에는 그곳에서 아무 것도 찾아볼 수 없었다. … 그러므로 그녀가 지상의 모든 것에 대한 본능적인 충동에 미혹됨이 없이 그 운명을 그대로 받아들이기를 원할 때는 적당히 타협하는 게 아니라 단호히 끊어버릴 수 있었던 것이다. 왜냐하면 외곬인 데레사의 성격으로는 인간적으로 그녀를 끌어당기는 것에 대한 철저한 거부, 즉 세속으로부터의 이탈밖에 생각할 수 없기 때문이다. 절대와 상대, 일체와 무, 이것들은 양립할 수 없는 것이다. 아빌라의 데레사의 이와 같은 "이것인가 저것인가"의 양자택일의 엄격한 생활방식이야말로 결국 데레사의 건강에 장해가 된 중대한 원인이었다. 그녀의 갈등 대부분은 그 "회심"으로써 해결되었지만 그녀는 그 싸움의 온갖 추억을 결코 잊지 못할 것이다. 그도 그럴 것이 사십여 년이나 계속된 괴로운 싸움인데 그 흔적을 잊어버리고 산다는 것은 있을 수 없는 일이기 때문이다. 데레사에게 참된 뜻에서의 신비적인 생활이 시작된 것은 그 회심(1555년) 후의 일이었음을 주목해야 할 것이다. 마찬가지로 그녀가 그 모든 영향력을 발휘한 것 역시 그 회심 이후였다는 것도 깊은 의미가 있다. 즉, 많은 수도원의 창립, 영적 감화, 저서들을 말하는 것이다.

그녀의 조화된 인품의 통일성은 절대자이신 하느님을 선택한 깊은 확신과 데레사가 실천한 구체적인 생활이 일치했을 때 비로소 실현되었던 것이다. 즉, 그녀가 온전히 포기해 버리려고 생각했던 모든 것을 다른 수준에서 재발견한 것도 그 당시였다. 그리스도를 향해 나아가는 전면적이고 실존적인 사랑은 하느님 현존의 체험에 젖어들어 인간적인 애정과 절대에 대한 그녀의 요구를 동시에 만족시키고 있었다. 이 사랑의 중심에 굳게 자리잡은 데레사는 활동에 전적으로 전념할 수도 있었고 관상에 온전히 몰입할 수도 있었다. 방안에서도 길에서도 어디에 있든 거기에 자기 자신을 내맡길 수가 있었던 것이다. 이제 데레사는 이상과 현실과의 갈등으로 고민하는 일은 없었다. 그곳에서 솟아난 자유, 기쁨, 평화, 이런 것들이 그녀 인품의 가장 뚜렷한 특색을 보여 주고 있다.

> 그 무엇에도 너 마음 설레지 말라.
> 그 무엇도 너 무서워하지 말라.
> 모든 것은 다 지나가고
> 님만이 가시지 않나니
> 인내함이 모두를 얻느니라.
> 님을 모시는 이
> 아쉬울 무엇이 없나니
> 님 하나시면
> 흐뭇할 따름이니라.
>
> — 그녀의 〈성무일도서〉 갈피에 들어 있던 쪽지에서

업 적

신비가이자 행동하는 여성이었던 아빌라의 데레사, 그녀의 인품을 형성하고 있던 이 두 측면들은 그녀의 업적 안에서도 나타나고 있다.

바로 데레사의 저서가 그녀가 천재적인 작가임을 보여 주고 있다. 그것은 그녀가 세계적으로 인정받는 작가이기 때문이다. 또 한편 데레사의 교설에 있어서 십자가의 성 요한과 함께 영성의 대가로 교회 안에 널리 알려져 있다.

개혁자로서의 활동과 수많은 창립으로 데레사는 가르멜회를 그 원천으로 되돌아가게 함으로써 재생시키고 동시에 교회와 그 시대의 사회에서 중요한 역할을 완수하였던 것이다.

교설(教說)

데레사의 교설은 본질적으로 생명이며 그것은 하느님을 향해 가는 영혼의 발자취다. 그녀는 완덕과 신비적 일치의 길을 되는대로 말한 것이 아니다. 오히려 완전한 그리스도교적 생활의 체험을 솔직하게 그대로 말한 것이다. 그것은 데레사의 개인적인 체험이며, 그 체험이 실제적으로 그 교설의 내용을 구성하고 있고 그녀가 그 제자들이나 독자들에게 제시하고 있는 가르침의 정당함을 잘 입증하고 있다. "나는 내가 확실히 체험한 것밖에는 아무것도 말하지 않을 것입니다."

데레사는 신학자들의 중개로서 교회의 교도에 의존하면서 계시나 성전에 기인되는 객관적인 사항에 자기의 체험을 비추어 보려고 끊임없이 마음을 쓰고 있다. 그러나 그녀는 학파적 학설에 다소 변질되기 쉬운 분석은 하려고 하지 않았다. 철학이나 신학적인 교양의 결핍, 신비학 초보의 소양도 결여되어 있었기에 그의 "실체험"의 맛스러움과 진리에 대한 정열은 그녀에게 최고 진리의 체험을 보고하게 하였다. 그것은 그녀의 능력이 미치는 범위 안에서 유일한 방법인 심리적인 분석을 통하여 이루어진 것이다. 실증에 대한 암시력을 그녀의 생각에다 반영시키는 천부적인 표현력과 예리한 관찰력으로 그녀는 심리적 분석을 훌륭히 해내었다. 데레사적 교설은 실천적인 신비의 영역에 속해 있다. 그녀는 "초보자들"의 첫걸음부터 신비적인 일치의 절정까지 영적 길의 단계들을 묘사했으며 하느님을 향한 여정의 영혼의 완벽한 안내자가 되었다. 여러 차례 시도했던 이 여정으로 인해 정확함과 확신을 가지고 가장 미묘한 변화도 조심스럽게 묘사할 수 있었다. 때로는 본질적인 것에 비해 감각적 수준의 여러 현상과 같은 우연성에 너무 치중하는 그녀를 비난하는 사람도 있을 것이다. 예컨대 감각적 수준에서의 여러 현상에 관해서다. 실제로 그녀가 말하고 있는 것은 자신의 문제였다. 그러나 그녀는 엄밀한 의미로서의 성덕과 이런 이상한 현상들을 혼동하지 않도록 조심하고 있었던 것이다. 설령 그녀에게 자기의 독특한 체험을 일반화하려는 경향이 있었다 할지라도 각 영혼들에 따라 차이가 있으며 또 하느님께로 인도하는 길에 있어서도 다양성이 있다는 것을 그녀는 잘 알고 있었다.

결국 데레사의 생애처럼 이 교설은 한편으로는 고통, 죄, 우정, 창조적 활동, 책임, 사회적인 관계 등과 같은 평범한 인간 생활의 현실과 다른편으로는 가장 숭고한 것 – 성삼위일체 – 부터 가장 작은 것 – 聖水 – 에 이르기까지 그리스도교적 전통의 초자연적 진리를 생생한 종합 안에서 통합하는 것이다.

심리적인 관점과 – 흔히 하는 말 중에 – 스스로의 체험을 기초로 하는 현실적인 것에 교리다운 것이 반영되지 않는다고 그녀 교설의 풍요로움을 놓쳐서는 안된다.

다른 모든 영적인 작가들과 공동으로 성녀 데레사가 추천하고 있는 수덕상의 가르침은 제쳐두고, 여기서 우리는 가장 기본적인 주제에 대해서만 말하고자 한다.

하느님의 현존(現存)

유년기, 청년기 그리고 그 수도생활 초기의 몇달 동안 데레사는 하느님을 죽어서밖에는 가까이할 수 없는 분, 멀리 계시는 분, 대지 위 아득한 곳에 계시는 절대자로 생각하고 있었던 것 같다. 그러나 또 한편으로는 하느님은 최고선이시고 자기의 갈망을 모두 채워 주시는 분으로도 여기고 있었다: "최고의 진리", "유일한 영원한 자", "그 위대하심은 한계가 없고", "무에서 창조하시고 우리에게 생존을 주신 분", "세계의 주재자, 전능자", "그분 없이 우리는 아무것도 할 수 없다."

그러나 하느님과의 정다운 사귐에 있었을 때에도 하느님은 역시 위대하고 초월자이심을 언제나 마음속 깊숙히 느끼고 있었다. 이 점에서 그녀는 하느님은 절대라는 감수성을 기본적인 특징으로 하는 영성을 체험하고 진정 가르멜의 딸임을 분명히 자각하고 있었다.

"오오, 우리의 황제! 최고의 권력자, 더할 나위 없는 선, 지혜 그 자체, 시작도 마침도 없으며 당신의 업적은 한없이 무한하며 사람의 지혜로는 미치지 못하는 경탄하올 끝없는 심연, 온갖 아름다움을 함유한 아름다움, 힘 그 자체 … 그 앞에서는 모든 천사들도 두려워 떠는 주님."

신비적 은혜를 받을 때 데레사는 거의 언제나 성서에서 볼 수 있는 것과 같은 저 독특하고 거룩한 경외심을 보여 주고 있다. 정말로 그녀의 "머리카락이 곤두설" 정도였던 것이다. 아마 이때문에 데레사가 하느님과 예수 그리스도를 흔히 "폐하"라고 불렀던 것은 그 당시의 제정의 위력이 그녀에게 암시했던 비유를 사용했던 것이고 의인적인 이같은 표상에 결국 속은 것같이 보이지는 않는다.

그녀가 신앙상의 진리에서 받아들이고 있던 이론적이고 다소 미숙한 인식은 하느님 존재의 본질적인 그러나 다른 방식으로 체험했을 때에 생동하는 현실감으로 바뀌었다. 즉, 이것은 하느님 현존을 가까이함에서였다. 그녀가 이것을 발견한 것이 언제였는가는 분명치 않다. 아마 점차로 조금씩 알게 되었을 것이다.

초보자로서 특히 묵상기도를 시작했을 무렵에 데레사는 자기 안에서 하느님의 활동을 감지했다. 어디서 그것이 솟아나는지 잘 모르면서도 온전히 영적인 기쁨을 느꼈던 것이다.

그리고 나서 아직 확실히 알 수는 없지만 더욱 강한 하느님의 개입이 이루어졌다. 바로 곁에서 아주 작은 마음의 움직임도 들어주고 응답해 주는 사람처럼 하느님은 당신을 드러내 보이셨다: "서로 말할 수 있는 누군가가 바로 곁에 있듯이 느껴지고 신앙이나 사랑이 따른 많은 영성적인 정감이라든가 상냥함이 깃든 결심 등을 우리가 느끼는 정도에 따라서 하느님은 우리의 생각을 들어주신다고 여겨졌습니다."

그리고 하느님은 그분 특유의 선익을 각 영혼에게 전달하실 때에 뚜렷이 구별된 활동을 통하여 영혼의 여러 능력들 위에 당신을 나타내신다. 즉, 의지에 사랑을, 지성에 진리를, 상상력에 미의 감지를, 기억에 추억의 감미로움을, 감각에 맞갖은 영적 전념을 각각 주신다. 각 능력은 스스로 자기 자신의 양식을 찾는다. 아주 일반적인 노력도 필요로 하지 않으며 영혼은 마치 마술에 걸린 것처럼 각 능력의 본성상의 활동이 일시 중단된 것 같은 느낌을 갖게 되는 것이다.

마침내 어느 상서로운 날 하느님의 현존은 하나의 확신으로서 영혼에 다가온다: "하느님 안에 내가 온전히 빨려들거나 혹은 하느님이 내 안에 계시다는 것에 조금도 의심을 품을 수 없는 방법으로 갑자기 하느님 현존의 느낌이 내게 일어났던 것입니다." 하느님의 현존은 또한 마치 그릇과 내용물의 관계와도 같이, 즉 그릇은 거기 있어도 내용물이 과연 어떤 것인지 아직 분명히 설명할 수 없는 그런 형태로 느껴졌다. 성 아우구스티노의 〈고백록〉에서 말하는 것과 같이 바다 속의 해면처럼 하느님께 젖어든 영혼은 "주님은 모든 것 안에 계시다"는 것을 체험으로 파악하고 있었다. "하느님은 편재하시고", "하느님은 당신 안에 모든 것을 포함하시고", 그 "크기는 천 개의 지구를 채워도 아직 남을 정도이다". 물론 훗날 데레사는 다음과 같은 대단히 좋은 것을 이해하는 행운을 얻게 되었다: "아무것도 보이지 않을지라도 신성은 온 세계보다도 더욱 크며 빛나는 다이아몬드와 같다. … 그리고 사람은 이 다이아몬드 안에서 자기들이 행하고 있는 모든 것의 반영을 보는 것이다. 그 다이아몬드에는 모든 것이 포함되어 있다. 왜냐하면 이토록 큰 것이기에 그 아무것도 거기서 빠져나올 수 없기 때문이다. … 오오! 나는 무섭고 지독한 죄를 범하고 있는 죄인들을 이해할 수가 없습니다! 그 죄는 숨길 수가 없기 때문입니다. 하느님이 그것을 보시면 슬퍼하실 것이 당연합니다. 그들은 황송하게도 하느님의 어전에서 살며 우리가 파렴치한 행위를 하는 곳도 그처럼 거룩한 어전이기에 말입니다."

초자연계의 지식은 그녀에게는 놀라움이었다. 왜냐하면 신학자들이 "본질과 현존과 능력에 의한" 무한한 현존이라고 말하고 있는 하느님의 편재를 이전에는 잘 몰랐기 때문이다. 데레사는 그런 일은 불가능하다고 믿고 있었다. 그러므로 그녀는 고백신부에게서 그것을 확증해 보고 싶었다. 그러나 그것에 대해서 그녀보다 더 많은 것을 알고 있지 못했던 그들은 오직 은총에 의해서만 하느님이 영혼 안에 현존하신다고 그녀에게 분명히 말했던 것이다. 그래도 그녀의 확신은 강했고 이처럼 "어정쩡한 사제"의 말을 도저히 믿을 수 없을 만큼 구체적인 하느님의 현존은 그녀에게 있어서 현실감에 차 있었던 것이다. 저 유명한 바녜즈 신부가 드디어 그녀를 이 의문에서 해방시켜 주었다. 또한 얼마 후에 환시의 은혜로 데레사 스스로 확정적으로 그 진리의 보증을 가질 수가 있었던 것이다. 즉, 주님은 대죄 상태에 있는 이들에게 생존을 주시는 분으로서 그들 영혼 안에 실제로 현존하시고 언제나 함께하신다는 환시인 것이다.

여기서 주목해야 할 것은 데레사는 자신 안에 은총의 현존을 체험한 후에야만 무한한 현존을 실감나게 알았던 것이다. 어느 날 그녀는 "네 안에 나를 가두려고 수고하지 말라. 그러나 내 안에 네가 갇히어라"는 소리를 들었을 정도로 자기가 하느님 안에 있다기보다는 오히려 자기 안에 하느님이 갇혀 계신 것으로 잘못 생각하고 있었던 것이다.

하느님의 신비적인 인식이 데레사를 점진적인 자아인식에로 이끌어 간 것도 또한 주목할 만한 일이다. 깨달은 영혼의 본성적인 능력들, 그 풍요로움, 그 영적인 크기들은 그녀에게는 일종의 계시였던 것이다. 그녀는 자기 안에 "무한한 부의 궁전"에 비교할 만한 참된 "내적 세계"가 있음을 알게 된다.

어두운 동굴 안에 숨겨진 보물들을 그의 등잔불로 비추고 있는 동굴 탐색 연구가처럼 그녀는 그것을 조금씩 탐구해 가는 것이었다. 이렇게 데레사는 먼저 영혼과 정신, 영혼과 그 능력들, 의지와 그 여러 행위, 가능성과 상상력, 상상력과 이해력, 영혼과 사고력과의 사이에 존재하는 차이점을 분별하는 것부터 시작하였다.

동시에 하느님과의 친밀함이 깊어 감에 따라서 하느님이 당신을 받아들일 수 있게 하려고 한없이 넓혀 가신 데레사의 영혼의 내적 세계를 그녀는 깨닫게 되었다. "나는 영혼의 장엄한 아름다움이나 광대한 역량에 비교할 만한 것은 아무것도 찾아볼 수 없습니다." 이렇게 해서 데레사는 영혼이라는 성 안에 "여러 처소를 발견하게 된다. 어떤 것은 높은 곳에, 어떤 것은 낮은 곳에, 그리고 다른 것은 옆에 있다. 모든 중심에, 바로 그 한가운데에 가장 주되는 중요한 거처가 있다. 거기서 하느님과 영혼과의 최대의 비밀이 전개되는 것이다". 그녀의 탐구는 최종적으로는 그녀의 존재와 초자연적인 생명의 근원에까지도 그녀를 인도해 간다. 그녀의 "중심", "영혼의 가장 깊은 내밀한" 장소, 바로 그곳에 하느님께서 머무시고 하느님이 거처하신다. 우리의 생존에 존재를 부여하면서, 태양과 같은 힘을 방사하면서 그녀가 자기 생존의 밑바닥에 닿았을 때에 어떤 미묘한 방법으로 그녀는 마침내 하느님께 닿았던 것이다.

예수 그리스도의 인성(人性)

내밀하고도 초월적인, 유일하신 하느님 현존의 체험은 드디어 삼위일체의 신비적인 인식 안에 심화되어 갈 것이다. 이러한 풍요로움은 시초에는 눈에 보이지 않는 현존에 의해서 데레사에게 당신의 인성을 제시하신 그리스도라는 위격과의 생생한 접촉으로써 점차로 완성되어 갔던 것이다. "영광스러운 성 베드로 축일을 축하하던 어느 날 나는 묵상기도중에 내 곁에서 보았습니다. 더 분명히 말한다면 나는 느꼈습니다. 왜냐하면 나는 육안으로나 영혼의 눈으로는 아무것도 보지 못했기 때문입니다. 그러나 나는 그리스도께서 내 곁에 계시다는 느낌을 가졌습니다. 나는 내게 말씀하셨던 분이 바로 그분이시라는 것을 믿었으며 그분을 보았다고 생각했습니다. … 예수 그리스도께서 언제나 내 곁에 머물러 계시는 것같이 여겨졌습니다. 그것은 상상적 환시가 아니었기에 내게는 그것이 어떤 모습을 하고 있는지 몰랐습니다. 그러나 나는 그분을 언제나 내 오른편에 매우 분명히 느끼고 있었습니다. 그분은 내가 행하고 있던 모든 것의 증인이었습니다."

이것은 지적이라고 하는 환시의 모습이었다. 이 환시는 상상적이라고 말하는 환시와는 대조적으로 영혼에게는 아무것도 보이지 않는 것이다. 즉, 상상적 환시에서는 유형의 표상이 영혼의 눈을 통해서 내부에 인식되는 것이다.

그 다음에 그녀는 다만 주님의 손만을 보았다. 그후 며칠이 지난 다음에는 그 얼굴을 그리고 드디어 그 인성 전체를 보았던 것이다. 상상적 환시와 지적 환시는 후에 번갈아 일어났는데 그녀 생애의 마지막 무렵에는 후자가, 즉 지적 환시가 훨씬 더 많이 끊임없이 계속해서 일어나기까지에 이른다. 힘들게 묵상기도를 하고 있을 때에 마음속에 그리스도를 상상하기가 어려웠던 데레사는 의심할 수 없는 참된 환시로서 부활하신 그리스도를 보았다. 이 환시가 상상의 소산이 아니었음을 그녀는 확신하였다. 데레사의 말에 의하면 "만일 내가 몇해를 걸려서 상상해 본들 어떻게 이처럼 아름다운 것을 그려 볼 수가 있겠습니까? 나는 결코 그렇게 할 수도 또한 알 수도 없습니다. 그것은 이 세상에서 상상할 수 있는 모든 것을 초월해 있습니다.

그리스도는 존재이신 그분과의 결합을 위하여 승천하신 후에 결코 이 세상에 다시 내려오시지 않으셨음을 그녀는 잘 알고 있었다. 그럼에도 불구하고 그 환시는 단순한 영상은 아니었다. "왜냐하면 비록 그것이 영상이었다 하더라도 그것은 살아 있는 영상인 것입니다. 죽은 한 사람의 인간이 아니라 살아 계신 그리스도이십니다. 그리고 그는 당신이 인간이시고 하느님이시라는 것을 깨닫게 해주십니다. 마치 그분이 무덤 속에 계시지 않고 부활하여 무덤에서 나오신 것같이 말입니다. 그리고 그분은 주님 자신이심을 의심할 수 없을 정도로 크나큰 위엄으로서 가끔 나타내십니다. 특별히 영성체 후에 우리 안에 그분이 계신 것을 우리는 잘 알고 있습니다. 또한 신앙이 그것을 우리에게 가르쳐 줍니다. 그분은 이 집의 '주인'으로서 당신을 나타내시고 영혼은 온전히 허무로 화해서 그리스도 안에 타버리고 맙니다." 특히 그녀는 그리스도의 "한량없는 아름다움"과 굉장한 존엄에 깊이 감동되고 동시에 근접하기 쉬움에도 또한 감동했을 것이다. "나는 보았습니다. '하느님'이시고 '사람'이신 분을. 그리고 속량의 원인이었던 저 원죄 때문에 자주 걸려 넘어지는 우리의 비참한 본성을 이해해 주시는 그분을, 나는 본 것입니다." 그러나 그녀 자신 안에 그리고 그녀의 영혼 "중심"에 그리스도의 현존을 아주 예사로운 일처럼 그녀는 느끼고 있었다. "성 베드로의 말씀"이 그녀의 기억에 자연스레 떠오를 만큼 때때로 그 현존의 확신은 컸다. "당신은 살아 계시는 하느님의 아들 그리스도이십니다. 왜냐하면 이렇게 하느님은 내 영혼 안에 계시기 때문입니다." 그 생애의 마지막 무렵 육안으로도 영혼의 눈으로도 보지 않고 그녀는 늘 하느님과 함께 있는 것을 즐기고 있었다.

그리고 또한 영혼의 상승의 최종적인 단계, 즉 "영적 혼인"이라고 말하는 사랑의 완전한 일치는 그녀에게 그리스도의 인성의 중개로써 전달되었다. "주님은 영혼의 바로 중심에 나타나십니다. 벌써 그것은 상상적 환시 중에서가 아닙니다. 앞서 말한 상상적 환시보다도 더욱더 미묘한 지적 환시중에서입니다. 주님은 문을 열지 않은 채 들어오셔서 사도들 앞에 나타나시어 '너희에게 평화가 있기를!' 하고 말씀하셨듯이 온전히 그런 상태로서입니다."

삼위일체

그러나 이 그리스도의 현존은 데레사 안에 "한없이 부드러운 사랑"을 더욱더 성장시키는 효과를 가져옴과 동시에 삼위일체의 현의 안으로 데레사를 맞아들이는 결과를 가져다 주었다. 사실 성자는 그녀를 성부께로 인도하고 있었다. "나는 지금까지 결코 본 일이 없는 더할 나위 없는 영광 중에 지극히 거룩한 인성을 보았습니다. 명백하고도 놀라운 인식이 성부의 품속에 온전히 감추어져 있는 성자를 나에게 보여 주었습니다." 성자를 통하지 않고서는 아무도 성부께로 갈 수 없다는 것을 그녀는 잘 알고 있었다. 그러나 그녀는 이 진리를 체험으로써 증명하게 되었다. "어느 날 영성체

후 어떻게 우리 영혼 안에 성부로부터 그리스도의 거룩한 몸을 받을 수 있는가를 나에게 이해시켜 주셨습니다." 이처럼 여러번에 걸쳐 성자는 "어떻게 해서 성자의 위격만이 다른 두 위격과는 달리 인간의 몸을 취하셨는가"를 그녀에게 이해시켜 주셨다.

그것은 부활하신 그리스도의 현존을 누린 후 데레사는 성서에 기인된 진리를 체험적으로 알게 되었다. "성서에 의하면 세 위격은 은혜의 상태에 있는 영혼과 함께 계시다고 했는데 나는 내 안에서 그것을 보았습니다." 그녀는 완전히 사로잡히게 된다. "물을 빨아들인 해면처럼 나의 영혼은 이 신성으로 잔뜩 부풀어 있는 것 같았습니다." 어떤 방식으로 그녀는 자기 안에 내재하시는 세 위격의 존재를 자신 안에서 누리고 있었다.

영혼은 그런 것을 자기 자신의 아주 깊은 내밀한 곳에서 분명히 본다. 그것을 묘사할 수 없는 대단히 깊은 내밀한 곳에 있는 어떤 것 안에서 보는 것이다. 그녀는 학자가 아니므로 그것을 잘 묘사할 수 없으나 자기 안에서 이 신성한 손님을 느끼게 된다. "세 위격이 하나의 실체, 하나의 힘, 하나의 지력 그리고 유일하신 하느님"이고 "각 위격은 혼동됨이 없이 구별되어 있음을 볼 때 어떻게 세 위격이 유일한 하느님일 수 있는가"를 데레사에게 이해시켜 주는 것은 내면에 계신 그분이신 것이다.

삼위일체는 영혼에게 있어서 다만 단순한 관상의 대상도 아니요 사랑과 인식의 원천도 아니다. 세 위격은 그 이상으로 그녀 안에서도 활동하신다. 삼위는 그녀에게 말을 건넬 뿐 아니라 – 성부는 그녀를 끌어당기시고, 성령은 비둘기의 모습으로 그녀에게 모습을 나타내 보이시고 – 삼위께서 함께 그녀와 동시에 전 피조물에게 – 그러나 그때문에 그녀에게 부족하거나 그녀로부터 떠나는 일 없이 – 삼위를 각각 전달하는 것이다. 이 이례적인 체험에 기인하여 신학적인 소양은 없을지라도 아주 빈틈없이 상세하게, 더구나 놀라우리만큼 정확하게 데레사는 거기에 대해서 한 페이지를 썼던 것이다:

"무지한 사람들은 지극히 성스러우신 삼위일체를 아주 셋으로 생각하기

쉽습니다. 마치 한 몸에 세 얼굴이 함께 그려져 있는 그림처럼 말입니다. 우리는 그와 같은 것은 불가능하다고 할 수밖에는 생각되지 않기 때문에 놀라서 거기에 대해서는 이미 구태여 깊이 생각하려고도 하지 않습니다. 오성은 당황하여 이 진리에 대해 의심할 것을 두려워하고 그것을 이해할 수 있는 크나큰 은혜를 단념해 버립니다. 내게 나타나시는 것은 각기 특별히 바라볼 수 있는 별개의 세 위격이고 따로따로 말을 건넬 수도 있습니다. 성자만이 인간의 육체를 취하셨다는 그것이 이 – 별개의 세 위격이 있다는 – 진리를 잘 설명하고 있는 것을 나는 나중에서야 문득 깨달았습니다. 이 위격들은 서로 사랑하고 서로 전달하고 서로 인식하고 있습니다. 각기 그 자신으로 존재하기에 그것은 셋이 아니라 하나의 본체임을 어떻게 우리는 표현할 수가 있겠습니까. 그리고 어떻게 그 신비로움을 믿을 수 있겠습니까. 그때문이라면 내가 천 번 죽어도 좋을 만큼 그것은 대단히 위대한 진리가 아니겠습니까. 이 세 위격 안에는 하나의 의지, 하나의 힘, 하나의 지배밖에 없고 따라서 다른 두 개의 위격 없이는 그 삼위 중의 어느 위격도 아무것도 할 수 없습니다. 그렇지만 세상의 모든 피조물의 창조주는 유일하신 창조주이십니다. 성자는 성부 없이 한 마리의 개미인들 창조하실 수 있겠습니까? 아닙니다, 그 힘은 오직 하나이며 그 힘은 성령의 힘과 같고 그러므로 전능하시고 유일하신 하느님이시고 세 위격은 다만 한 위엄인 것입니다. 우리는 성자와 성령을 사랑함이 없이 도대체 성부를 사랑할 수가 있겠습니까? 아닙니다. 그리고 이 삼위 중의 한 위격을 만족시키는 사람은 삼위 모두를 만족케 하고 삼위 중의 한 위격을 모욕하는 사람은 마찬가지로 삼위 전부를 모욕한다고 말할 수 있습니다. 성부는 성자와 성령 없이 존재하실 수 있겠습니까? 아닙니다, 왜냐하면 삼위는 하나의 본체이고 그 하나가 있는 곳에는 삼위 모두가 있고 아무도 삼위를 나눌 수는 없기 때문입니다. 우리가 삼위를 분명하게 구별해 보게 된 이유는 무엇이겠습니까? 성자는 어떻게 해서 인간의 육신을 취하셨는가? 그렇다면 성부와 성령은 왜 그렇지 않는가? 내가 이해할 수 없었던 것은 바로 그것입니다.

신학자들은 거기에 대해 알고 있을 것입니다. 이 놀라운 업적 때문에 삼위 모두가 계신 것을 나는 잘 알고 있습니다. 그러므로 나는 그것에 대해서 그다지 관심 두지 않았습니다. 하느님은 전능하시고 원하시는 것은 무엇이나 하실 수 있으시고 그와 마찬가지로 원하시는 것도 모두 이루시리라는 견해를 나는 갖고 있습니다. 내가 그것을 조금밖에 이해하지 못하면 못할수록 나는 그만큼 더 많이 그것을 믿습니다. 그리고 그렇게 하는 것이 나의 신앙을 더욱 깊게 해가는 것입니다."

하느님의 부재감(不在感)

마침내 그 생애가 끝날 무렵 감지할 수 있는 그리스도의 인성의 현존과 또한 동시에 삼위일체의 지적 환시의 맛을 하느님의 부재감 때문에 죽도록 고민하고 있었는데, 버림받고 상처입은 마음을 끝까지 맛본 다음에야 겨우 이 충만함에 도달했던 것이다. "나는 하느님을 뵈옵고 싶은 소망으로 죽을 것 같았습니다." "내 영혼이 무엇을 품고 무엇을 원하고 있는지조차 전혀 알지 못하게 되는 주님의 부재에 대한 고뇌"는 이미 세속이나 자기 자신에 대해서 영혼이 무관심하게 될 정도로 대단히 짙은 하느님과의 통교의 결과로서, 일상의 세계는 더 이상 의미를 갖지 않았으며 하느님의 모습은 숨겨져, 그녀는 허공에 떠 있는 것과 같았다. 이와 같은 시련은 결국 하느님을 생각하고 그려 보는 본성적 습성에서 또한 이기적인 자아의 마지막 집착에서 정화되기 위해서이다. 십자가의 요한은 하느님 부재의 뜻을 밤의 어둠과 같이 느꼈으나 데레사는 하느님 부재의 의미를 빛의 결여라고는 느끼지 않았던 것이다. 오히려 그녀는 사랑의 결여로 생각했으며 이 사랑의 결여를 죽음과 같은 비중으로 느꼈던 것이다. 이런 견해의 차이는 대단히 주목할 만한 일이다.

1571년 살라망까에서 "어머니 데레사"는 내적으로 심한 고문을 당하는 듯한 괴로운 상태에 있었다. 한 수련자가 그녀 곁에서 하느님을 찾는 몇 편의 시를 노래했을 때 고통이 따른 참된 탈혼이 데레사에게 일어났던 것

이다: "어제 나는 하루 종일 몹시 심한 고독감을 맛보고 있었습니다. … 저녁 때 우리는 함께 모여서 하느님이 계시지 않는 생활은 얼마나 참기 어려운가를 말하는 짧은 노래를 읊었습니다. 그때 이미 나는 몹시 고통스러웠습니다. 그리고 그 노래는 내 손이 차가울 정도의 충격을 나에게 주었습니다." 십자가의 성 요한이 자신의 방법으로 계속하게 된〈못 죽어 죽겠음을〉이라는 시를 그녀가 지은 것은 아마 이 사건이 있은 후일 것이다.

이 부재감은 하느님과의 더욱 밀접한 사귐의 이면에 지나지 않는다는 것, 그리고 하느님의 신비 속에 더욱 깊이 몰입하는 길의 이면이었음을 그녀는 잘 이해할 수 있었다.

사랑은 결코 한가롭지 않다

여기저기 수도원을 창립할 때와 마찬가지로 저서를 쓸 때에도 데레사가 모든 그리스도인들에게 제시해 준 주제는 하느님과 이웃에 대한 사랑의 완전함이었다.

그녀에게 있어서 어정쩡한 것이 아닌 철저한 사랑이란 "내적 기쁨 속에 있는 것도 아니고", "눈물을 흘리거나 때로는 위안을 찾는 상냥하고 감미로운 감정 속에 있는 것도 아니고 오히려 용기와 겸손을 다하여 하느님을 섬기는 일에 있다". "바로 이것이 최고의 완전함이 목적으로 하는 것이다." "'어머니 데레사'의 실제적인 성격은 완전함의 극치란 내적인 맛스러움에도, 놀라운 탈아 안에도, 환시중에도, 예언자적 기질 안에도 존재하지 않으며, 오히려 하느님께서 무엇인가를 원하신다고 깨달았을 때 즉시 혼신의 힘으로 그것을 하려고 생각할 정도로 하느님의 의지에 우리의 의지를 어김없이 일치시켜 가는 것, 바로 그것입니다. 지극히 엄위로우신 하느님이 결정하신 것은 쓰라린 일이라도 감미로운 일인 양 쾌히 받아들이는 그것입니다."

데레사는 더욱 강조한다. "주님의 뜻을 행하는 것"이며 굳은 결심으로 "하느님을 끊임없이 기쁘게 해 드리려고 원하는 것" 또한 자기의 의지를 억제하고 갖가지 원의, 사고력, 정감 등을, 또 생존을 송두리째 복음의 요청, 교회의 가르침, 이웃의 영적·물질적 요구들을 통해서 사람들에게 제시되어 오는 하느님의 뜻에 "할 수 있는 대로 충실히" 따라가는 것이라고 역설한다. 그것이 단 하루 만에 성취될 수 없음은 명백한 사실이다. "단숨에 거기에 도달하지 못하는 사람은 조금씩 거기에 도달하려고 노력해야 합니다." 그녀에게 있어서 성성이란 상태가 아니라 오히려 생성의 움직임이고 전진의 행진곡인 것이다.

이와 같은 완전함을 적극 받아들이는 방법은 결코 완성될 수 없는 끊임없는 노력을 암암리에 뜻하고 있다. 그도 그럴 것이 그것은 데레사의 의지를 하느님의 성의에 점점 더 밀접하게 일치시켜 가는 것이기 때문이다. 1611년에 출판된 고바루비아스의 사전은, 그녀가 매우 자주 사용했던 "…의 의지에 자기를 일치시킨다"는 표현의 뜻은 다만 한 의지가 되어 찬동하는 것이라고 해설하고 있다. 그러므로 하느님을 완전하게 사랑하는 것이란 영혼의 의지와 하느님의 뜻이 일치하고 공명해서 하나가 되는 실현이고 "사람이 영적 길에 있어서 도달할 수 있는 가장 위대한 완전함이란 이와 같은 것이다". 그러한 길을 간다는 것은 "자기의 의지와 성의와의 합일을 달성시키는 것을 조건으로 하는 참된 일치를 실현시키는 것이다". 하느님의 성의 안에 자기의 의지를 더욱 전면적으로 변용시키면 시킬수록 거기에 따라 하느님과의 일치가 더욱 완전하게 이루어지는 것을 데레사는 체험하였다. 일치의 정도는 이 변용의 완전함에 비례한다. 순수한 영이신 하느님과의 일치는 "정신과 정신"과의 일치 외에는 달리 달성될 수 없으며 그리고 육신도 진행되어 가는 정신화로써 영혼의 신화에 참여하는 것을 데레사는 잘 이해하고 있었다.

그녀는 또한 다른 여러 가지 특성 중에서 하느님께 대한 참된 사랑은 "순수하고 순결"하다는 것도 인정했다. 신화되는 과정의 종극에서, 영혼은 하느님 안에 하느님과 합일해서 소실해 버린다고 생각하는 신플라톤 학파의 잘못을 데레사는 범하지 않았다. 가장 전면적인 일치에서도 가장 밀도 짙은 탈아 중에서도 인간의 여러 능력들의 활동은 없어져 버리는 것이 아니다. 하느님께 일치한 영혼의 수동성은 외견상뿐인 것이다. 이것은 반대로 상상이나 관념의 개입 없이 초본성적 방법에 따른 인식과 사랑의 최상의 활동의 시기이고 그러므로 영혼의 인격화의 최고의 때인 것이다. 데레사는 한 가지 비유로써 이 그리스도교적 신비에 대한 역설을 이해시키려고 했다. "이 일치는 두 자루의 촛불에 비길 수 있습니다. 이 두 자루의 촛불은 빛도 하나로, 심지와 초도 하나로 보일 만큼 꼭 밀접하게 붙어 버리고 맙니다. 그러나 이 촛불은 서로 떼어놓을 수도 있으며 그것들은 역시 두 자루의 초입니다. 사람이 초와 심지를 구별할 수 있게 말입니다. … 일치로써 엄위하신 하느님께서 영혼에게 가까이 오심을 상상한다면 숭고한 혼인에 대해서 성 바울로가 말씀하신 것도 바로 이것인 것 같습니다."

하느님께 대한 뜨거운 사랑에 취해 있는 영혼은 이 세상 것을 이탈하고 하느님 안에 흡수되어 주어진 행복을 즐기는 것외의 다른 것은 아무것도 바라지 않는다고 생각할지도 모른다.

실제로 이 사랑이 진실한 사랑일 경우, 즉 "우리의 상상의 소산"이 아닐 때, 가만히 있을 수 없는 힘이 외부에 나타나는 것이다. 마치 그것은 "전에 내가 본 솟아나오는 작은 샘과 같습니다. 즉, 솟아오르는 물의 힘과 함께 모래가 끊임없이 올라오고 있었습니다." 그러므로 영혼은 하느님을 찬미하고, 인식하고, 사랑하게 하고 싶다는 격렬한 정열로 끌려가고 있는 것이다. "영혼들을 구하고자 하는 무한한 원의는 하느님이 합당하게 찬미받으시게 조금이라도 이바지하고자 하는 것은 참된 사랑에서 당연히 우러나온다고 나는 생각합니다." 참으로 "사랑에는 한가함이 없다". 사랑에는 자기의 휴식과 이익이라든가 개인적인 행복 같은 것은 중요한 것이 아니다. 하느님께 대한 사랑이 살아 있고 완전한 영혼들에게는 "이미 주님을 섬기고 기쁘게 해 드리려는 것밖에는 아무것도 생각나지 않는 것이다. 왜냐하면 그들은 하느님을 섬기는 이들에 대한 하느님의 사랑을 알고도 남기 때문이다. 영혼들의 선익을 위해서 가능한 한 사람들에게 봉사하고 사람들에게 최선의 진리를 말하면서 하느님을 기쁘게 해 드리려고 자기들의 취미나 이익을 버린다는 것은 영혼들에게 있어서 기쁜 일이다. 영혼들은 그들의 입장에서 다만 이웃의 진보만을 중히 여기고 그것밖에는 자기들의 손해나 이득을 지금 내가 말하고 있듯이 결코 마음쓰지 않는다. 하느님을 더욱더 기쁘게 해 드리기 위해서 영혼들은 하느님을 생각하고 자기 자신을 잊어 버리고 거기에 도달하기 위해서 자기의 생명까지도 위험에 내맡기는 것이다. 하느님의 영광을 위해서 일하고자 하는 욕망은 굶주림이나 목마름에 대한 본능적 욕구와 비슷해서 사랑의 완전함에 도달해 있는 사람들에게만 한정되어 있는 것이 아니다. "사랑할 때는 사랑이 언제나 같은 상태에 머문다는 것은 불가능하다고 나는 생각합니다." 사랑은 "한구석에 숨어 있지 않고, 어떠한 경우에도" 기쁨과 더불어 곤란이나 고통을 이겨낼 뿐 아니라 평온을 찾아 움직이고 있는 것이다. 나는 가끔, 나의 애정을 다하여 주님께 이렇게 말씀드립니다: "주님, 죽음 아니면 고통을, 나는 그것밖에는 당신께 아무것도 청하지 않습니다"라고. 하느님의 사랑은 자신을 줌으로써 활기를 띠게 되고, 자신을 열면서 더욱더 크게 성장해 간다: "오, 세찬 하느님의 사랑이여, 그 효능은 얼마나 세속의 사랑과 질적으로 다른지요! 세속의 사랑은 배타적이어서 남과 상대하기를 원치 않으며, 자기가 가지고 있는 것을 자기만이 가지려고 합니다. 하느님, 당신의 사랑은 열애하는 자들이 많으면 많을수록 더욱더 깊어가는 것입니다. 세속의 모든 이들이 이 부요를 누리고 있지 않은 것을 보면 생기려던 기쁨도 그만 사라지고 맙니다. 사람이 당신을 위해서 하는 가장 좋은 봉사는 당신께 대한 사랑과 당신의 선익을 위해서 양보하는 것입니다! 이렇게 하면서 사람은 더욱 완전히 당신을 소유하게 됩니다."

이웃에 대한 사랑도 마치 만발한 꽃과 같으며 더 엄밀하게 말하자면, 이웃에게 봉사하는 데 자기를 내주면서 밖으로 넘쳐 나오는 하느님께 대한 사랑의 홍수처럼 드러나는 것이다.

하느님께로 가고 그리고 하느님으로부터 영혼들에게로 오는 이 움직임 안에, 배타적으로 관상적인 면만을 고수하려는 유혹을 느낄지도 모르나, 데레사의 생각으로는 어떤 그리스도인의 성소일지라도 그 여정은 모든 그리스도인에게 있어서 근본적으로 같은 여정인 것이다. 하느님께 대한 사랑은 언제나 사람에게 대한 사랑보다 앞서고 또 늘 앞서기 마련이다. 그도 그럴 것이 그것은 이웃에 대한 사랑의 원천이기 때문이다: "만일 우리가 가진 이웃사랑이 하느님의 사랑 안에 뿌리를 박고 있지 않다면 우리는 결코 완전한 이웃사랑에 도달할 수는 없을 것입니다."

그녀 자신의 체험을 통해서 배울 수 있었던 그녀 생애 중의 어느 시기에, 사람은 "여러 해 동안 영광의 하느님과 사귀고", 그리고 "높은 덕에" 도달하지 않고서는 진실한 사도활동에 종사할 수 없다고까지 데레사는 생각했다. 그렇지 않다면 사랑은 미지근하고 냉랭하며, 자기 사랑으로 변형되고, 그 나무에서 열린 과일은 오래가지 못할 위험이 있다. 그녀는 어느 날 우연히 한 사람을 만났는데 그후 그의 생각이 좀 달라지게 되었다. 그 사람은 15년 동안 많은 중책을 맡아 바빴기 때문에 하느님의 성의를 실천하기 위해서 겨우 마련한 것이 "매일 묵상기도를 위해 약간의 시간을 내고, 깨끗한 마음을 보존하는 일"이었다. 그런데 이 사람은 "어떻게 해서인지는 모르겠으나 원만한 사람들이 가지고 있는 풍요로움을 풍기고, 훌륭한 정신의 자유로움을 몸에 지니고 있었던 것이다".

데레사는 일부러 곤란에 부딪치면서 철저한 사랑의 실천을 끊임없이 추구했으며, 마침내 그녀는 "일 … 일 …" 하고 거듭 외쳤던 것이다. 데레사는 공상적인 소망을 경계하고, 행동으로 드러나지 않는 덕을 믿지 않았다. 더구나 특히 애덕은, 실천으로서 성장해 가는 산 현실이라고 믿고 있었다. "우리가 하느님을 사랑하고 있다는 것을 뚜렷이 알려 주는 중요한 실마리를 잡고 있다손치더라도 참으로 하느님을 사랑하고 있는지 어떤지, 우리는 확인할 수 없습니다. 그러나 만일 우리가 이웃에 대한 사랑을 가지고 있다면, 네! 그렇습니다. 그것은 참말로 확신할 수 있습니다. 확신을 가지십시오. 당신들이 이웃에 대한 사랑이 깊어지면 질수록, 당신들의 하느님께 대한 사랑도 깊어지게 될 것입니다."

"사소한 즐거움이나 자기의 열심을 잃지 않으려고 자기 생각에서 한치도 감히 움직이지도 벗어나지도 못하고 두건을 쓰고 있는 듯한 마음이 옹

졸한 영혼들, 그리고 묵상기도를 음미하는 데 급급해 있는 영혼들은 하느님과의 합일에 이르는 길이 어떤 것인지 전혀 모르고 착각하고 있기 때문에 그들은 중요한 문제가 거기에 있다고 생각해 버리고 마는 것입니다. 하지만 그런 것이 아닙니다. 자매들이여, 그렇지 않습니다. 주님은 행동을 원하십니다. 만일 당신이 한 병자를 만나 그 고통을 덜어 줄 수 있다면, 그때문에 하느님을 섬기는 데 **빼앗겼다** 할지라도 상관없습니다. 그 사람을 불쌍히 여기고, 만일 그 사람이 고통스러워한다면 당신도 함께 괴로워하십시오. 또한 만일 필요한 경우 당신은 그 사람을 먹이기 위해서 단식하십시오." 결국 하느님께 대한 사랑과 이웃에 대한 사랑은 따로 분리할 수 없다. 이 둘을 함께 실행하는 것이 마땅한 것이다. "나를 믿어 주십시오. 주님께 대한 대접은 마르타와 마리아 역을 함께 해야 합니다."

"관상하는 것, 묵상기도나 염경기도를 하는 것, 병자들을 간호하는 것, 가사를 돌보는 것, 가장 비천한 일을 하는 것, 그것들이 어떤 일이든 우리에게 거처하러 오셔서 거기서 잡수시고, 거기서 쉬시는 '손님'에게 봉사하는 것이므로, 여기서 도대체 어느 것이 우리에게 중요한 것이겠습니까." 중요한 것, 그것은 사랑하는 것입니다. "왜냐하면 주님은 우리가 한 일의 크기보다는 그 행한 일 안에 있는 사랑을 보시기 때문입니다."

하느님과의 대화인 묵상기도

아빌라의 데레사의 영적이고도 인간적인 성공의 비결은 대부분 끊임없는 묵상기도의 실천에 있었다. 그녀가 지칠 줄 모르는 묵상기도의 사도가 된 것은 이상하지 않다. 그녀의 저서는 모두 – 편지에서까지도 – 가까이서든 혹은 멀리서든 묵상기도에 대해 말하고 있다.

데레사의 〈자서전〉은 그녀가 탐구해 나간 이야기이며, 하느님을 향한 묵상기도를 통한 그녀의 발자취인 것이다. 그 중 11장부터 22장까지는 그녀가 말하는 묵상기도에 대한 소논문으로 되어 있다. 〈완덕의 길〉은 묵상기도에 관한 교본이다. 〈내면의 성의 거주〉 또는 소위 〈영혼의 성〉은 하느님과의 합일에 관한 진보의 단계에 많게 혹은 적게 동화 대응(同化對應)시켜서 묵상기도의 깊이의 정도를 서술하고 있다. 하느님의 사랑에 대한 생각인 〈신애고〉(神愛考)는 묵상기도에서 받은 영혼의 평화에 대해서 말하고 있다.

관상기도의 스승이었던 데레사는 어떤 틀에 박힌 일정한 방법을 제공해 주지는 않았다. "주님의 생애와 수난의 신비에 관해서, … 지옥에 관해서, 우리의 허무에 관해서, 우리가 하느님께 받고 있는 모든 것에 관해서", "이해력의 도움으로써 거듭거듭" 반성하는 묵상을 높이 평가하고 있다. 그러나 이런 추리적인 기도는 그녀에게 맞지 않았다. 이는 데레사가 이론적인 고찰에 그다지 매력을 느끼지 않았던 점과 상상력을 잘 구사할 수 없었던 점, 특히 천성적으로 하느님과의 개인적인 접촉을 필요로 했던 점들 때문이었다. 그러나 오수나의 〈에스파니아식 초보의 제삼부〉를 전부 읽었으므로 소위 묵상이라고 하기보다 더욱 단순하고, 더욱 직접적인 묵상기도의 "양식"이라고 일컫던 방법을 그녀는 조금씩 찾아낼 수 있었던 것이다.

하느님 현존의 특전을 받는 장은 영혼 자신이다. 그러므로 "영광스러운 성 아우구스티노는 특히 이렇게 말하고 있습니다. 그는 광장에서도 쾌락 속에서도, 그가 찾아 헤맨 그 어떤 곳에서도 하느님을 그 자신 안에 계신 것처럼은 발견할 수 없었다"고. 데레사적 묵상기도의 근본적인 원칙은 잠심으로써 자기 자신 안에 숨어 하느님을 찾는 데 있다. "그것은 잠심이라고 합니다. 왜냐하면 영혼은 전력을 다해 거기에 집중하고 자신의 내면 속에 계시는 하느님께 되돌아오기 때문입니다." 그러므로 "묵상기도에는 보고 듣는 것에 조금도 마음쓰지 않도록 습관 들여야 하며, 고독 속에 머물도록 해야만 합니다". 하느님이 계시는 성 안쪽으로 들어가기 위해서는 이 이상으로 효과적인 다른 방법이란 없다. "묵상기도는 하느님께서 내게 주신 놀라운 은혜의 문인 것입니다. 그 문이 잠겨진다면, 주님이 어떻게 은혜를 주실 수 있는지 나는 모르겠습니다." 많은 영혼은 하느님이 자기 안에 계시다는 이 진리를 모르고 또 자기가 누구인지를 모르고, "성 밖 파

수 보는 길에서", 즉 자기 바깥에 살면서 원수의 생각대로 내맡겨져 있으므로 그야말로 대단히 불행한 일입니다. 묵상기도로써 하느님이 자기 안에 계시다는 "이 길을" 찾아낸 사람. 그리고 어떤 희생을 치르든지, 어떠한 실패를 할지라도 인내해서 그곳을 떠나지 않는 사람이 반드시 구원의 항구에 도달한다는 것은 틀림없는 일이다.

그러나 하느님의 현존에 젖어들기 위해서는 지적·정서적으로 내심을 비우고 눈을 감는 것만으로는 부족하다. "그럴 때, 우리는 냉랭한 기분이 되어 멍청한 방심 상태에 빠지고 동시에 우리가 얻은 것, 바라던 것이 모두 쓸모없이 된 것같이 느껴집니다. … 우리 스스로가 자기 영혼의 능력들을 억제해서 그 활동을 정지시키려는 것은 허사입니다." 그것은 "천사의 흉내를 내려고 하는" 것이다. 하느님이 영혼을 당신께로 이끄시면서도 받아 주시지 않을 때에는, 영혼 편에서 영적인 능력들을 움직이면서 적극적으로 하느님을 찾아야 한다. "하느님은 능력들을 사용하라고 우리에게 주셨습니다. 그 능력들은 가치를 지니고 있습니다. 그러므로 우리는 그것을 즐길 뿐 아니라 더욱 중대한 다른 의무를 하느님이 주실 때까지 각 능력들에게 꼭 완수해야만 될 의무를 지우지 않으면 안됩니다."

그 활동은 조금씩 순화되어 가서 드디어 영혼의 단순한 바라봄이 되는 것이다. 이 눈길은 추상적으로 하느님 위에 쏠리는 것이 아니라, 영혼 안에 그리고 성체 안이나 피조물 전체 안에 계시는 그리스도 위에 쏠리는 것이다. 이 내적 눈길은 복음에서 말한 것과 같은 그리스도 생애의 다면적 신비 안에 있는 신인 예수의 위격에로 향해 있다. 데레사는 다음과 같이 주장하는 저자들을 저 유명한 〈자서전〉 22장에서 몹시 비난하고 있다. 즉, 그것은 내적 생활의 어느 단계에 도달한 영적 사람들은 그리스도의 인성을 단연코 마음에서 멀리해야 한다고 주장하며 "더욱 높이 오르기 위해서" 오수나의 〈에스파니아식 초보의 제삼부〉 서문 — 그리스도의 인성 — 까지도 피조물의 모습을 모두 물리치기 위해서 방해가 된다는 주장을 하는 사람들이다. 데레사의 생각에 따르면 그리스도의 인성은 묵상기도에서 없어서는 안될 "밑받침"이 되는 것이다.

그리스도의 인성으로 말미암아 가장 신분이 낮은 사람으로부터 가장 높은 사람에 이르기까지, 온갖 은혜가 우리 인간들에게 주어진다. 하느님과의 합일의 어떠한 단계에 있더라도, 결코 그리스도의 인성에서 떠나서는 안되는 것이다.

영혼에게 실제로 현존하여 생활하시는 분으로서, 신앙 안에서 "감지된" 그리스도 안에 굳건히 뿌리내린 이 내적 눈길은 누구의 흉내를 내는 것 같은 플라톤적 관상은 아니다. 그것은 오히려 그리스도의 생명 안에 자기의 생명을 적극적으로 참여시키기 위해 전 존재를 투자해 노력한 것이다.

이 활동 양상은 하느님과의 참된 대화의 자세를 취하게 되고, 성녀의 인격주의가 재현된 것이다. 주님과의 사귐의 관계도 영혼이 자기의 생존과 생활 전체에 있는 그대로의 모습으로, 더구나 최대한의 자유로운 마음으로 행동하고 대화하는 친밀한 관계인 것이다. 탄식과 비난, 간구와 통회, 전구와 예배, 이것들은 부르짖음과 한숨 그리고 말 또는 침묵 등의 형태로 표현된다. 결코 이것은 훌륭한 문장을 짓는 것도 아니다: "당신들은 하느님을 뵙는 것을 바랄 뿐만 아니라, 하느님과 대화하면서 당신들의 영혼을 고요하게 합니다. 다만 머리에서 나오는 틀에 박힌 말마디의 기도가 아닌, 괴로워하고 있는 당신들의 마음으로부터 솟구치는 말이야말로 하느님께서 기뻐하시는 기도입니다." 모든 것을 잘 말하려고 하는 것은 아니다: "많은 말을 하려고 지혜를 짜내는 것을 하느님께서는 싫어하십니다." 그러나 단순하고 솔직한 말은 기뻐하신다: "하느님은 우리가 솔직하게 말하는 것을 대단히 기뻐하십니다." 데레사는 아주 친밀하게 하느님과 대화했다. 하느님을 만나고 하느님과의 산 연관성을 유지하기 위해서 때로는 서적의 도움을 빌리는 것도 좋다. 왜냐하면 "모국어로 씌어진 양서", 특히 성서는 영혼을 이끌어 가는 "벗"이기 때문이다. 혹은 "당신들의 취미에 맞는 주님의 성화라든가 초상화와 같은 것을 수단"으로 쓰거나, 주의 기도 같은 염경기도를 천천히 읊는 것도 좋다. 염경기도도 잘하면 "순수한 관상"에까지

나아갈 수 있는 것이다. 결국 묵상기도란 들어주거나 대답해 주는 상대와 실제로 함께 있는 것처럼 그리스도와 함께 있다는 마음의 행위인 것이다. 신앙 안에서 우리는 하느님이 우리 안에 은밀하게 활동하고 계시다는 것과 우리의 선익을 바라고 계시다는 것을 잘 알고 있다.

묵상기도중에 느끼는 기쁨이나 목마름은 중대한 것이 아니다. 본질적인 것은 주님께서 구체적으로 원하시는 것을 원하고 찾는 일이다: "묵상기도를 시작한 사람은 누구나 이것을 잊어서는 안됩니다. 이것은 매우 중요한 일이기 때문입니다. 그 사람은 될 수 있는 대로 주의깊게 하느님의 성의에 자기 의지를 일치시켜 나가기 위해서 고통하고, 결심하고, 마음을 준비하는 것이 당연합니다." 모든 것은 이 목적에 종속되어야 하는 것이다. 여러 가지 능력들의 활동은 참되이 사랑하려는 의지를 불러일으키는 것 외에는 존재 이유가 없다. 실제로 묵상기도는 "많이 생각하는 것이 문제가 아니고, 많이 사랑하는 것이 문제입니다". 그러므로 데레사는 "신체적인 힘을 구하지 않고, 사랑과 사랑하려는 습관밖에는 아무것도 바라지 않았다". 그러므로 데레사는 자기의 생각을 잘 간추려서 다음과 같이 말하고 있다: "묵상기도란 하느님과의 우정의 교환이다. 그분이 우리를 사랑해 주심을 믿고 바로 그 하느님과 자주 친밀한 대화를 나누는 것입니다."

관상과 신비적 현상

데레사에게 묵상기도란 사랑의 완전함에로 점차로 인도해 가는 "길"이고 특별히 은혜받은 사람들에게는 신비적 일치에로 가는 길이기도 하다. 〈자서전〉에서 그녀는 정원에 물을 대는 네 가지 방법의 비유로써 중요한 네 단계를 구분하고 있다. 즉, 첫째는 물을 길어 올리는 데 우물에서 팔의 힘으로 길어 올린다. 둘째는 양수기를 사용한다. 셋째는 샘에서 물을 끌어온다. 그리고 넷째는 하늘에서 내리는 빗물을 이용한다는 것이다. 더욱 넓은 체험으로 채워진 〈영혼의 성〉 안에서 데레사는 일곱 단계라고 하기보다는 오히려 일곱 궁방이라고 하여 구분하고 있다. 첫 단계 – 묵상, 잠심의 기도 - 는 초보자의 상태를 말하고 있다. 이어서 정온이라고 말하는 묵상기도가 따라오는데, 그 안에서 초자연적 관상이 드러난다. 초자연적 관상이란 자신의 여러 능력을 사용해서 영혼 안에 실체적으로 현존하시는 하느님께 영혼이 합일하는 참여를 말한다. 하느님은 영혼의 중심에서부터 활동하기 시작하여 점차로 인식과 사랑의 상대로서 당신을 주시는 것이다. 하느님이 영혼을 사로잡으실 때에는 먼저 하느님께 사로잡혀 있는 의지에게만 하느님의 활동이 미치고 이어서 의지와 함께 지성에, 그리고 기억력에 끝으로 상상력과 내적·외적인 감각에 미치게 된다. 데레사의 심리학적 견해에서 본다면 여러 능력들이 하느님의 생명에 참여하는 정도는 신비적인 일치의 정도를 드러내고 있다. 부분적·과도적 정도에 따라 신비적 합일은 하느님 안에서 받는 영혼의 변화를 통해서 필요한 여러 시련을 거쳐서 조금씩 전면적이고 결정적인 것으로 되어 간다. 먼저 단순한 만남에서부터 시작하여 - 제5 궁방 - 다음에 오는 것이 "혼약" - 제6의 궁방 - 그리고 드디어 완전한 신비적 합일의 사랑인 "영적 혼인"이 찾아오게 된다.

다른 단계로 옮겨감에 뚜렷한 구별이 있는 것이 아니다. 그 진행 과정에는 늦어짐도 후회도 있을 수 있다. 영혼의 단계적인 신화(神化)는 자유로우며 전면적인 계약을 내포하고 있으며 더욱 영웅적인 충실함과 열렬하고 실행적인 사랑을 내포하고 있다.

데레사는 이러저러한 신비적 은혜가 완전함에 도달하기 위해서 필요불가결한 조건이 아니라는 것과 그것을 잘못 알아서는 안된다는 것을 강조하고 있다. 그렇지만 사랑의 성장에, 모든 덕행의 실천에, 교회를 위한 봉사에, 그리고 은혜받은 영혼들에게 주어지는 예측할 수 없는 수많은 곤란과 고통과의 대결에 이 신묘한 은혜가 끼치는 것이야말로 힘있는 영적 도움이 된다는 것을 그녀는 깊이 인정하고 있다.

그러므로 신비적 관상, 즉 "샘에서 생수를 마시는" 것을 동경하는 것은 당연한 일이다.

신비적 관상이 가능하지 않다고 여기는 것은 그 관상을 받을 가능성을 막아 버리는 것이 된다: "그것을 조금도 믿지 않는 이들은 그 체험을 얻지 못할 것입니다. 왜냐하면 하느님은 당신의 업적에 제한을 두지 않는 마음을 가진 사람들을 대단히 좋아하시기 때문입니다." "그러나 바로 이 신비적 관상은 엄밀한 뜻에서 초자연적 수준에 속하는 하느님의 순수한 선물인 것입니다."

"나의 초보적 묵상기도는 초자연적이었던 것같이 느껴졌습니다. 아무리 노력해도 우리의 인간적인 방법이나 개인적인 활동으로는 얻을 수 없는 것이었습니다." 하느님께 무리하게 청하여 얻으려는 그런 짓은 우리는 삼가지 않으면 안됩니다. 그것은 "두꺼비가 스스로 날기를" 바라는 것과 같은 짓이다. 유의만 한다면, 헌신적으로 남에게 봉사하는 것, 겸손, 양심의 조찰함으로 "마음 준비"를 할 수 있다. 이것이 데레사적 수행의 기본 방침이었다. 하느님은 "우리가 자기를 당신께 온전히 드릴 때에만, 당신을 전적으로 우리에게 주십니다". 중요한 것은 원하시는 대로 맡겨 드리는 일입니다. "하느님의 것인 이 보화를 하느님은 누구에게도 손해되지 않게 원하시는 때, 원하시는 대로, 원하시는 사람에게 주십니다." 확실한 것은 하느님께서 모든 영혼을 같은 길로 인도하시지 않는다는 것이다.

하느님으로부터의 전달은 신비적 상태의 본질을 형성하는 "본질 중의 본질"이고, 거기에서 이차적으로 부수되는 결과가 생기는 것을 혼동하지 말고 조심스레 식별해야 한다. 이 부수되는 결과들이란 심리적·신체적으로 일어나는 이상한 현상을 말한다. 이 이상한 현상과의 첫째 단계는 일반적으로 탈아(脫我)라는 표현으로 특징지어진다. 데레사는 황홀, 상승(上昇), 정신의 비상, 탈신(脫身) - 기절 -, 희열, 몽유(夢遊) 혹은 정지 등에 관해서 말하고 있다. 기능적인 또는 우발적인 한계, 심리적 또는 신학적인 한계, 그리고 그것의 강함이나 길이 등의 차이를 데레사는 이 여러 가지 표현법으로써 특징지을 수가 있었다. 그러나 그것은 언제나 같은 초자연적 현실의 문제의 표현인 것이다. 그녀에 따르면 "모든 것은 하나로 되어 있는 것"이다. 탈아 현상은 흔히 영성적인 능력들 안에 하느님의 사랑과 빛이 흔히 짧은 침입으로써 일어나는 것이다. 영적 능력들이 가진 고유의 힘은 그 밀도가 짙은 초자연적인 작용 안에서 전면적으로 사로잡히기 때문에 다른 기능들 — 순응, 조정, 통합 — 은 완만하게 마치 정지하고 있는 것처럼 되어 버린다: "영혼은 육체 안에 그대로 머물러 있으면서 자기가 행할 수 있는 모든 활동에서 떠나는 것입니다." 탈아란 하느님 안에서 아직 완전히 변화되지 않은 생존의 무력함인 것이다. 영혼과 육체와의 탁월한 영적 결합의 방법은 아직 완전히 굳혀지지 않았다. 이 조화가 "영적 혼인"이라는 완전한 합일에서 현실화되면 탈아의 수가 줄어들어 거의 없어지고 만다. 하느님으로부터의 전달은 이미 영혼을 흡수하여 외계로부터 떼어 놓는 일도 없고 고통을 느끼게 하지도 않는다. 이때문에 데레사가 탈아를 신비적 합일의 길로 가는 구성 부분의 하나로 생각했던 것이다. 그러나 그녀는 아직 그다지 완전하지 못한 영혼들을 회심케 하려는 목적으로, 하느님의 그 자비로 탈아가 일어난다는 것을 깊이 인정하고 있다.

탈아 상태에 빠질 때, 때때로 신체상에 일시적으로 다른 부차적인 면이 따른다. 그것은 공중에 뜨는 것, 경직 증상, 무감각의 현상들이고, 이 현상들은 영혼이 하느님으로부터 전달받은 농도에 따라 신체에 일어난 반사에 지나지 않는다. 이 이상한 현상들은 생명을 위험하게 할 수도 있다. 일반적으로 그런 것들은 건강을 해치는데, 때로는 가끔 반대로 건강을 좋게 하는 경우도 있다.

종종 일어나는 몇 가지 병적인 증상을 거기에 부가할 수도 있다. 데레사는 귀에서 소리가 난다고 말했다. 그러나 신경병 환자 중에 신비가가 있을 수 없다는 것은 명백한 일이다. 그러나 참된 신비적 생활의 폭은 신경병의 상태에서도 그대로 행할 수가 있는 것이고 때로는 그 상태의 유인이 되는 일조차도 있다.

여러 가지로 일어나는 환시, 내적인 소리, 계시들에 대해서 말한다면 그것들은 본질적으로 신비적 일치의 길에 속하는 것이 아니고, 하느님의 영광을 위해서 견디어 나가야 할 "참을 수 없을 것 같은" 시련중에 있는 어떤 이들을 굳세게 하기 위해서 주어지는 것이다. 이것들이 참으로 하느님으로부터 오는 것인지 아닌지는 계속되는 좋은 결과를 보아 진실 여부를 확인할 수 있다. 우리가 그것들을 중요시하지 않거나, 혹은 물리치고 싶더라도 그것들은 받을 만한 이유가 있기에 주어진 것이기 때문에 거기에서 무엇인가가 이루어지는 것이다. 신경 계통의 병 - 맹렬한 발작 -, 공상, 천성적인 허약함들에서 유래되는 거짓 신비적인 상태들은, 그 상태의 지속 시간이나, 교설의 내용과 효과의 결여에 의해, 또한 그것들이 일으키는 어리석은 상태에 의해서도 식별이 되는 것이다. 신비적 관상의 은혜를 바라는 것은 옳고 좋은 것일지라도, 그것과는 다른 이상한 은혜를 이것저것 바라는 것은 전혀 권할 수 없다. 데레사는 이와 같은 것을 열망하지 않도록 여섯 가지 이유를 들고 있다. 그리고 그녀는 덧붙여 말한다: "내가 말하는 것을 믿으시오. 가장 확실한 것은 하느님이 원하시는 것만을 원하는 것입니다. 우리가 우리 자신을 아는 것보다 하느님은 우리를 더 잘 알고 계십니다. 더구나 우리를 사랑하고 계십니다. 주님의 거룩한 뜻이 우리 안에 이루어지기 위해서 우리를 그 손 안에 맡기십시다."

가르멜의 개혁

성녀 데레사의 저서가 교설적·문학적으로 가치가 높다 하더라도 그것에 주목하는 것만으로는 부족하다. 그녀에게는 해야 할 가장 중요한 사업이 있었음을 간과해서는 안된다. 그것은 바로 그녀의 가르멜 개혁이었던 것이다. 실제로 이 일에 그녀는 여성으로서의 역량을 충분히 발휘했고, 그 정신을 받아들이는 이들의 흐름의 경향을 미래에까지 겨냥하여 전했던 것이다.

그 유래와 정신

아빌라에 있는 강생 수도원의 문을 두드렸을 때, 데레사는 이미 교회의 가장 오래된 수도회 중의 하나인 가르멜산의 성모 수도회에 들어갈 것을 선택했다. 역사가들은 13세기 초에 팔레스티나의 가르멜산의 동굴에서 예언자 엘리야를 자기들의 선조로 받들어 그를 본받고 있던 몇 명의 은수자들이 있었음을 말하고 있다. 그들은 손수 일하면서 고독과 가난 속에서 "밤낮으로 주님의 법을 묵상하고 기도로 밤을 새우는" 것을 주요 일과로 삼고 있었다. 처음으로 그들의 수도원장이 예루살렘의 총대주교 알베르또에게 그들의 생활 양식을 총괄하는 회칙을 초안해 줄 것을 청한 것은 1209년이다. 호노리오 3세 교황은 이 회칙을 1226년에 인가했다.

그러나 사라센족의 침략으로 가르멜산의 수도자들은 유럽으로 피난하지 않으면 안되게 되었다. 그 땅에서 인노첸시오 4세 교황에 의해 1247년 가르멜회도 탁발 수도회 - 아우구스티노회, 프란치스꼬회, 도미니꼬회 등의 - 에 소속되었던 것이다. 중세 말기의 일반적인 퇴폐는 1432년 에우제니오 4세 교황 시대에, 엄한 회칙을 완화한 가르멜회에도 영향을 미쳤다. 이 완화는 본질에는 저촉되지 않았다 할지라도 원시 회칙의 준수상, 대재나 소재의 수를 줄였기 때문에 수도자들의 종교적 열심을 어느 정도 저하시키고는 있었다.

　다른 큰 수도회와는 달리 가르멜회에서는 여자 수도원이 그 시초부터 존재했던 것이 아니다. 겨우 1453년에 가서야 당시 총장이었던 요한 쏘렛의 인가 아래 탄생했다. 그러므로 데레사가 1535년에 강생 수도원에서 지킨 것은 완화 회칙이었다. 수도적 규율은 나라에 따라서 또한 각 수도원마다 매우 달랐다. 성녀는 자기 수도원이 이 점에 있어서 16세기 초의 에스파니아에서 가장 좋은 모범의 하나였다고 술회하고 있다: "영광의 하느님께서 그들을 위해서 돕지 않으실 수 없을 만큼, 진심을 다해 영광스러운 하느님께 완전하게 봉사하고 있는 수녀들이 많이 있었습니다. 그런 데서는 그렇게 자유스럽지 않았으며, 회칙 준수가 아주 중요시되었습니다."

　그렇다면 도대체 왜 데레사는 개혁을 생각하게 되었는가? 우리는 이미 이 개혁에 관해서 처음 생각해 낸 사람은 그녀가 아니었음을 알고 있다. 오히려 그 제안은 데레사의 내심에서는, 지옥의 환시로부터 각성된 더욱 엄한 생활에 대한 소망에서 이루어졌다는 것을 알고 있다. "그러므로 나는 사람들로부터 도망쳐 세속에서 나를 철저히 떼어놓고 싶었던 것입니다." 데레사는 아직 자기 마음에서의 은밀한 생각이긴 하였으나 강생 수도원에서 자기 목적을 이룰 수는 없다고 느끼고 있었다. 실제로 그녀는 그 수도원에 대해 여러 가지로 비난을 하고 있었다.

　첫째로 모든 수녀들이 필요로 하는 것을 조달할 수 없을 정도로 심한 경제적 빈곤에 대해서이다. 그곳에는 가장 근본적으로 해결되어야 할 식량까지 부족할 때가 자주 있을 정도이다. 어떻게 해서든지 그것을 메우기 위해서 수녀들은 자기 가족이나 친구들에게로 가는 것이 장상들로부터 허용되고 있었다. "생활의 어려움 때문에 수도원을 가끔 떠나와 우리는 수녀의 신분으로서 지낼 수 있는 이곳저곳을 찾아갔습니다."

　둘째 불만은 너무나도 수녀들의 수가 많은 점이었다. 1560년에는 100명이 넘었다. 7년 후에는 150명이나 되었다. 데레사는 지나치게 인원이 많은 공동체가 빠지기 쉬운 문제에 대해서 잘 알고 있었다. "많은 여인들이 함께 살고 있을 때에도 그 점에서 하느님이 우리를 잘 지켜 주심을 나는 경험으로 알고 있습니다!" 장차 그녀는 자기가 창립할 여러 수도원에서는 이 위험을 피하도록 경계할 것이다. "대단히 많은 수녀들을 수용하는 거기에 내가 두려워하는 가장 큰 해독이 있습니다." 수입이 적을 때 인수가 많으면 많을수록 빈곤은 더욱 심해지는데, 그러나 그것은 그다지 중요한 일은 아니다. 그렇지만 침묵과 그에 따른 잠심의 부족이라는 이유 때문에 걱정이 생기는 것이다. "그녀들의 인수가 더 적으면 더욱 일치와 평정을 찾을 수 있을 것입니다." 그녀가 창립하는 데 있어서 열세 사람이라는 수를 초과하지 않도록 정한 이유도 그때문이었다. "내게 제시된 많은 의견이나 내가 맛본 체험에 비추어 보더라도 그 수가 적당하다고 생각하며, 여기서 요구되는 수도 정신을 잃지 않고, 아무것도 특별히 바라지 않고 회사에 의거해서 살아가기 위해서는 이 이상의 인수가 되어서는 안됩니다." 나중에 데레사는 그 의견을 바꾸어 인수를 늘리는 것을 인정했으나, 그래도 그 인수를 제한하는 것을 간곡히 역설하고 있다.

또 다른 불만은, "이러한 불편 가운데서도 나는 참으로 우대받는 생활을 하고 있었습니다. 왜냐하면 이 수도원은 집이 넓고 대단히 편안했기 때문입니다". 이것은 많은 지참금을 가지고 온 자매들이 몇 개의 방이 있는 작은 아파트에 자유롭게 살 수 있었음을 지적하고 있다. 데레사까지도 그런 특권을 누리고 있었다. 그러나 다른 가난한 출신의 사람들은 공동 침실로 만족해야 했던 것이다.

끝으로 이 개혁자의 눈에 가장 중대한 불만으로 비친 것은 "회칙은 시초의 엄격함을 보존하고 있지 않았으며, 가르멜회 전체가 그랬듯이 완화의 칙서에 따른 것을 준수하고 있었다"는 것이다. 그 결과 봉쇄 제도는 지켜지고 있지 않았다. 예를 들면 수도원에서의 빈번한 외출, 친척이나 친구들의 방문, 마치 "예의범절이 까다로운 궁정"에 있는 것같이 처신해야만 되는 수도원 응접실 등. 이러한 왕래는 참된 기도 생활에는 합당하지 않았다.

"내가 이곳 성 요셉 수도원에 몸을 숨기러 왔을 때 사실 어떻게 살면 좋을지 나는 몰랐던 것입니다."

결혼하기 전까지의 젊은 처녀들은 그 수도원에서 교육을 받으며, 수녀들과 함께 생활하게 하는 관습이 있었음을 여기에 덧붙이지 않으면 안될 것이다. 그녀 자신 스스로도 아버지 알론소의 죽음으로써, 동생 요한나를 맡아 기르고 있었다. 그래서 1571년 그녀가 강생 수도원의 원장으로 임명되었을 때 그녀는 이 처녀들을 모두 부모들에게 돌려 보내도록 하였다.

이 모든 이유에서 데레사는 "그 수도원은 아주 완전한 상태에 놓여 있지는 않았다"고 생각하였다. 그럼에도 불구하고 그녀는 그곳을 떠나 다른 데로 옮기려고는 꿈에도 생각지 않았다. "나로 말하자면 … 나는 이 집에서 아주 행복했으므로 이곳에서 나가는 것을 망설이고 있었습니다. 그도 그럴 것이 이곳은 내가 사용하고 있던 방처럼 대단히 내 취미에 맞았기 때문입니다." 더구나 데레사는 그곳에서 "많은 친구들에 둘러싸여 있었다".

하느님을 더 잘 섬기려는 결의를 완수하기 위해서 데레사가 힘쓴 것은 "가능한 한 완벽하게" 회칙을 지키는 일이었던 것이다. 그것은 명백히 완화 회칙에 관한 것이었다. 그후 메디나 델 깜보에서 십자가의 성 요한이 원시 회칙을 취한 것에 비하면 그곳에 살고 있었던 때의 그녀는, 원시 회칙을 따르려는 것을 결코 생각하고 있지는 않았다. 그 결심을 한 다음에 자기 방에서 가장 절친한 친구와 말하고 있는 그녀의 모습이 무엇보다도 증거가 되는 것이다. 이 수도원을 떠나는 것을 어렵게 한 또 다른 이유는 예상되는 사람들의 반대에 대한 두려움과 함께 데레사 자신이 다른 사람들보다 더 훌륭한 인간이 아니라는 확신을 내심에 지니고 있었기 때문이다.

설령 창립하려는 생각이 데레사의 소망에 아주 맞갖은 것이었다 할지라도 제도상으로나 공동체적으로도 더욱 완전한 형태로 만들고자 그녀는 무리를 하고 있었다. 그때부터 데레사는 자기 안에 품고 있던 원의를 끝까지 관철해 갈 것이며, 조금도 주저하지 않고, 원칙으로 그 계획의 기준, 또는 기초로 가르멜산의 성모의 원시 회칙을 채용할 것이다. 그 계획의 근본적인 방침은 회칙의 중요한 특색들, 즉 침묵, 엄격한 봉쇄의 준수, 청빈, 고행, 묵상기도 등이다. 더구나 회칙을 "더욱 완전하게 지키기 위해서 그밖의 다른 것까지도 거기에 첨가하면서" 그렇게 했던 것이다. 데레사는 자기가 창립하는 수도원에서 지참금을 인정할 생각이었다. 왜냐하면 가난은 "마음을 흩어지게 할 수도 있는 원인이 됨"을 미리부터 두려워했기 때문이다. 그러나 "완화 전에는 재산을 전혀 갖지 않을 것을 회칙에서 요구하고 있었던" 일, 더구나 가르멜산의 은수자들이 "내일을 위해 아무것도 갖지 않았다"는 것들을 알게 되자 지참금을 인정할 생각을 버리고 데레사는 단호히 무슨 수를 쓰더라도 구별 없이 절대 청빈을 선택했던 것이다. 그럼에도 불구하고 청빈의 이 점에 관해서도 어떤 상황 아래서 얼마간의 이완을 그녀는 인정하는 것이었다.

사실, 데레사의 개혁의 본질은 거기에 있었던 것이 아니고 오히려 원시 회칙의 중심이 되는 계율 안에 있었다. 그것이 바로 묵상기도이고 관상적인 기도인 것이다. 데레사는 다른 모든 것을 묵상기도에 관련시켜서 끊임없이 이 점을 역설하고 있다: "우리의 원시 회칙은 우리에게 끊임없이 기도하기를 권고하고 있습니다. 이것이야말로 가장 중요한 일입니다. 그렇다고 우리가 최선의 노력을 거기에 쏟는 것이 회가 요구하는 단식이나 편태, 침묵 등을 소홀히 하는 것을 의미하는 것은 아닙니다. 참된 묵상기도란 그 모두를 동반하고 있습니다. 왜냐하면 안일한 생활과 묵상기도는 양립될 수 없음을 당신들은 잘 알고 있을 것입니다." 그러나 결국 원시 회칙의 엄격한 준수라는 방법으로 성녀는 회 전체의 기본이 될 목적을 향하고 있었다. 이것이야말로 가장 높은 완전함에, 즉 사랑의 완전함에로 향해 나아가는 것이다.

이 기본적인 의도는 창립이 실현되기 전에도 특별한 사도적 활동을 방향짓는 데 많이 도와 줄 것이다. 같은 과정으로 외부에 개입하는 문제에 대해서도 "어머니 데레사"는 그 개혁 목적을 뚜렷이 밝히고 있다:
"그때 나는 프랑스에서 일어난 불행한 사건을 알게 되었습니다. 루터파 사람들이 행한 파괴입니다. … 하느님께서는 많은 원수들이 있고, 아주 조금밖에는 친구가 없으십니다. 하지만 나같이 못난 여자의 몸으로는 하느님을 섬긴다는 것도 마음뿐이지 별 도리가 없음을 깨달았습니다. 그래서 나는 이 적은 벗들만이라도 열렬해야 되겠다는 것이 내 소원이었고 지금도 그렇습니다. 드디어 나는 비록 작은 것에 지나지 않을망정 내 안에 있는 것을 가지고 일을 하기로 결심하였습니다. 그것은 곧 힘 닿는 데까지 복음적 교훈을 깔축없이 지키는 것과 이 집에 사는 소수의 수녀들도 이 길을 걸어가게 인도하는 것이었습니다. 당신을 위하여 모든 것을 버리기로 작정한 사람을 언제나 도우시는 하느님의 크신 자비를 믿기에 그런 것입니다. … 그리고 우리는 교회를 지키는 이들과 교회의 방패가 되는 설교가, 학자들을 위하여 모두 다 기도에 전심하여 가능한 데까지 우리 주님을 도울 것입니다."

복음 전도를 사명으로 삼는 사제들을 돕기 위해 기도하는 것, 그리고 자기의 성화에 힘쓰는 것, 이것이야말로 맨발 가르멜회 수녀들의 참된 사명인 것이다. "어머니 데레사"는 그 타고난 소질과 하느님의 체험을 통해서 또는 이제껏 만난 수많은 사제들에게 그녀가 준 좋은 감화의 경험을 통해서 그 결단을 준비해 갔다. 더구나 그녀는 사제직에 대해, 그리고 교회 안에서의 그 기본적 임무에 대해 대단히 존경하는 마음을 갖고 있었다. 그리스도의 병사들인 그리스도교인들의 선두에 서서 요새를 지키는 대장들과 같은 교회의 수호자들인 "설교사들과 신학자들"에 대한 영상 안에는 그녀가 읽고 있던 성 이냐시오의 〈영조〉 혹은 기사소설들과 함께 그 시대적 반영을 느낄 수 있다.

매우 진중하게 시작된 개혁이, 더구나 그녀로서는 성 요셉 수도원만을 생각했던 것이, 뜻하지 않게 발전을 해 나가게 된다. "참으로 무력하고 연약한 한 여인"이 어떻게 자기 수도회를, 더구나 남자 수도회까지 포함해서 회 전부를 개혁하려는 의도를 가질 수 있었겠는가? 그것은 "그녀의 생애 동안 가장 평화스러웠던" 성 요셉 수도원에서의 조용한 몇 해 동안의 생활을 지낸 다음에, 이전에 일어났던 사건과 마찬가지로 우연으로 여겨지는 어떤 사건에 의해서였다. 그 사건이란, 인도에서 돌아온 프란치스꼬 회원 말도나도의 방문이었다. 이 선교사의 "인도에서는 얼마나 많은 영혼들이 선교의 부족 때문에 멸망하는지"라는 이야기는 교회를 위해서 일하고 싶다는 데레사의 원의에 새로운 충동을 일으키도록 자극을 주었던 것이다. 이번에는 다만 이웃들, 친척들과 친지들, 그리고 에스파니아, 프랑스 등 유럽의 그리스도교도들 ― 열심치 않은 신자들, 죄인들 또는 루터파의 사람들 ― 을 위한 걱정이 아니다. 그러나 그 죽음에 이르기까지 쉴새 없이 그녀의 마음을 사로잡고 있던 것은 지구 저편에서 이교에 물들어 있는 사람들의 구원을 걱정하는 참된 정열이었던 것이다.

우리도 알다시피 아빌라를 지나가던 가르멜회의 관구장이었던 루베오 신부는 데레사가 창립 수도원을 늘리는 것과 십자가의 요한 수사의 도움으로써 맨발 가르멜 회원들이 개혁 운동을 전하는 것을 그녀에게 허락하였다. 1582년, 그녀의 죽음에 이르기까지의 15년 동안 그 개혁은 가스틸르 지방과 안달루씨아 지방에 퍼져서 맨발 가르멜회 수도원이 여자 수도원이 열일곱, 남자 수도원이 열다섯이나 창립되었던 것이다. 그것은 순식간에 온 에스파니아에 퍼진 데 이어 프랑스와 이탈리아에도 퍼져 현재에는 오대륙에 걸쳐서 맨발 가르멜회는 대략 660개의 남자 수도원과 780개의 여자 수도원으로 헤아려진다.

데레사의 개혁을 굳히기 위해 1580년 가르멜회 관구들은 그 분리의 필요성을 인정받아, 그라시안 신부의 후임인 도리아 신부의 추진으로 시간이 지남에 따라서 각기 다른 총장과 회헌을 가지고 뚜렷이 구분되고 나누어져, 마침내 가르멜회는 완전한 분리에로 진전되어 갔다. 한편은 이전의 완화 회칙을 취하는 가르멜회(O.C.)이고, 다른 한편은 데레사의 개혁의 흐름을 따름으로 해서 맨발 가르멜이라 불리는 가르멜회(O.C.D.)인 것이다.

데레사와 가르멜의 전통

　성녀의 개혁 사업의 의미는 단지 원시 회칙의 실행에만 있었던 것이 아니고, 그 시대의 교회의 사명 안에 가르멜을 재편성하는 일이었던 것이다.

　원래부터 가르멜은 본질적으로 관상적이다. 강생 수도원에서의 수도 생활의 불완전함에도 불구하고 데레사의 마음은 이 이상을 잘 간파하고 있었다. 그녀가 이 이상에 전적으로 충실치 못함을 괴로워는 했지만, 그것은 그녀가 그 생활의 뜻을 정확히 이해했기 때문이고 또 그 의미가 데레사 자신의 경향에 맞았기 때문이었다. 몇 가지 점에서 완화되기는 했지만 끊임없는 기도가 계율의 중심을 이루는 회칙 원문을 그녀는 "거듭 읽었던" 것이다. 그녀가 개혁의 모든 기초를 묵상기도에다가 둔 것은 이미 잘 알려져 있다. 데레사는 옛 사부들의 권위를 그 결정의 근거로 삼고 있었다: "가르멜회의 거룩한 옷을 입고 있는 우리 모두는 묵상기도와 관상에 불리고 있습니다. 왜냐하면 우리 생활의 기원은 그것이고 우리는 그 후손이기 때문입니다. 우리 가르멜의 거룩한 사부들은 아주 깊은 고독 가운데 세상 사람들의 심한 모욕을 참아 견디면서 이 보화를 찾아 구하고 있었던 것입니다."

　그녀가 초안한 최초의 〈회헌〉에서 그녀는 제일 먼저 매일 두 시간씩 묵상기도 시간을 가질 것을 정했다. 또, 청빈에 대하여서도 초기 가르멜 은수자들의 모범을 택했다. 그리고 그들의 은둔 생활에 중점을 두었다. "우리의 거룩한 옛 사부들을 생각해 봅시다. 우리는 은수자들의 생활을 모범으로 삼고 싶습니다. 그들은 고통만을 겪어야 하지 않았습니까? 언제나 고독하고, 추위와 굶주림, 뜨거운 태양과 더위를 견디어내면서 하느님밖에는 호소할 데가 아무도 없었던 것입니다. 생각해 보십시오. 그들은 무쇠로 만들어진 사람들이었겠습니까? 그들 역시 우리와 마찬가지로 연약한 사람들이었던 것입니다."

　이 옛 은수자들의, 즉 원초의 정신에 충실한 마음으로 데레사는 다음과 같이 단언한다: "우리가 바라고 있는 생활 양식은 보통 수도자들의 생활 양식을 취하는 데서 그치지 않고 더욱 나아가 은수자들의 생활 양식을 취하는 것입니다." 그녀는 어느 수도원이나 정원에다 하나 혹은 몇 개의 작은 은둔소를 만들게 하여, 자매들이 거기서 개인 피정을 할 수 있도록 배려했다. 그리고 "화제에 있어서도 … 은수자들이나 고독 안에서 살고 있던 이들의 말씨를 상기시키도록" 마음을 썼던 것이다. 그러나 온전히 고독하기만을 바라는 어느 지원자를 받아들이는 것을 그녀는 거절했다. 왜냐하면 가르멜의 생활 양식은 단지 은둔적인 것만이 아니고 은둔적 공동 생활이기 때문이다.

데레사가 "우리의 참된 창립자들"이라고 생각했던 가르멜산의 은수자들의 생활 모습을 재현시키려고 그들의 시대에까지 거슬러올라가 그 정신에 고무되기를 간절히 바라고 있던 것을 우리는 볼 수가 있다. 그녀는 자기들의 인도자답게 생활하는 가르멜 수사들이 현재 자기 주변에도 있음을 잘 알고 있었다. 그렇지만 그녀는 완화 회칙에 만족하지 않고 시초 때의 활력을 돌이키려고 열망하고 있었다. 그래서 원시 회칙의 초안자인 〈사부 성 알베르또의 전기〉의 출판을 에보라의 주교에게 정식으로 부탁드렸다. 이 청은 1583년 〈완덕의 길〉의 초판과 함께 실현되었다.

그녀가 가르멜의 수녀들에게 하느님으로부터 주입된 관상의 은총을 목표로 삼도록 권고할 때, 그녀 자신도 가르멜의 가장 오래된 전통 안에 온통 젖어 있었던 것이다. "죽어서뿐 아니라 죽어야 할 이 세상에서도 하느님의 현존의 활력과 더 높은 곳의 영광의 감미로움을 우리 정신 안에서 체험하고, 어떤 방법으로 마음속에서 맛보는 것입니다."

마찬가지로 관상적 노선에서 "어머니 데레사"는 회의 보호자로서 전통적으로 중요시되어 오던 성모께 대한 깊은 존경을 본질적 조건으로서 지키고 있었다. 얼마나 뜻깊은 일치인가! 왜냐하면 그 창립에 착수한 다음 처음으로 "라 빌겐"이라고 불리는 성모 마리아의 환시를 그녀는 자주 받았기 때문이다.

데레사가 성모를 어머니로서 바라보고 있었기에 모든 관습이나 공식 문서에서 밝혀지고 있는 "성모의 형제들"이라는 칭호를 사용하는 것을 데레사가 생각지 않았던 것은 특이한 일인 것이다. 그리고 더욱 주목할 만한 것은 그 딸들에게 하느님의 어머니를 모범으로 제시하는 방법이다. 데레사가 성모 마리아께 대해서 말할 때에는 기도와 노동의 혼합 생활 양식 — 그 예로서 그녀가 흔히 라자로의 누이들인 마리아와 마르타를 들고 있다 — 이나 관상 생활에 대한 것도 아니고, 오로지 완전한 그리스도적 생활의 모범으로 말하고 있는 것이다. 데레사는 성모 마리아 안에서 그의 신앙, 하느님께 대한 그의 사랑, 그의 겸손, 마침내는 십자가의 그리스도 아래서의 수난의 참여 등을 깊이 주시하고 있었다.

누가 보아도 데레사 자신이 가르멜의 관상적 이상의 충실한 해석자, 그리고 후계자가 되고 싶어했음을 잘 알 수 있다. 그러나 개혁과 동시에 그녀가 제시한 사도적 목적에 관해서는 그 회의 지난 시대와 질적으로 동일한 연속성을 가지는가 하는 의문이 생긴다. 실제로 데레사는 그 딸들에게 자기 성화에 힘쓸 것과 그리스도인들 특히 사제들과 신학자들을 위해 기도할 것을 원했다: "우리의 기도가 이와 같은 하느님의 봉사자들을 돕는 데 맞갖은 것이 되도록 노력합시다." 그리고 다음과 같이 분명히 밝혀 말했다: "만일 당신들의 기도와 지향, 편태 그리고 단식 등이 내가 말하고 있는 이 목적에서 벗어나 있다면, 당신들은 자기들이 할 몫을 하고 있지 않다는 데 대해 깊이 생각해 보십시오. 그것은 주님께서 당신들을 이곳에 모으신 목적을 완전히 완수하고 있지 않은 것이 됩니다."

이렇게 데레사는 가르멜 수녀들의 존재 이유를 하나의 사도적 목적에 요약시킨다. 그들의 묵상기도가 사제의 선교 활동을 지탱해 준다는 그 자체가 사도적 목적인 것이다. 관상적 이상의 극치가 가능한 한 하느님과 완전히 일치하는 데 있다면, 이 말이 모순처럼 들리는 것은 어찌된 일인가?

이것이 자매들에게는 이해하기 어려운 일일지도 모른다는 것을 성녀도 잘 알고 있었다: "나는 당신들에게 어떤 새로운 것을 부탁드리지 않습니다. 그러나 우리 서원이 행할 바 약속을 잘 지켜 주십시오. 우리의 소명과 의무는 그것이기 때문입니다." 그녀에게 있어서 사도적 목적과 관상적 목적을 동시에 목표로 삼는 것은 모순이 되지 않았다. 실제로 교의상으로도 아무런 문제가 없었다. 데레사는 그것을 책에서 읽어 보지는 않았으나, 체험으로 이해하고 증명하고 있었다. 하느님께 대한 참된 사랑은 걷잡을 수 없는 내적 필연성에서 이웃을 위한 사랑으로써 활짝 개화되는 것이다. 사랑이 타오르면 타오를수록 하느님 나라를 위한 타는 듯한 열망은 한층 더 높아져 간다. 우리는 관상적 생활의 이 사도적 차원을 입증하기 위하여 옛 "거룩한 사부들"의 증언에 의존해서 데레사를 바라보지는 않는다. 그녀는 단 한 번 "성조 엘리야"에 대해 언급한다. 그러나 이와 대조적으로 아씨시의 성 프란치스꼬나 성 도미니꼬가 많은 이들의 회심에 진력한 일에 대해서는 상세하게 말하는가 하면, 성 이냐시오에 대해서는 조금 말하고 "다른 회의 창립자"에 관해서는 이름도 들지 않으면서 슬쩍 언급할 뿐이다.

실제적으로 보아서 성 알베르또가 기초한 최초의 본문에 제시된 이상은 오로지 관상적이다. 비록 가르멜산의 은수자들이 그 주위 사람들에게 복음을 전하기 위해 그들의 고독한 생활에서 때로 밖에 나가는 일이 있었다 하더라도 역시 그렇다. 가르멜이 탁발 수도회의 대열에 끼어 순응한 다음에도, 회칙의 공적 해석은 그들이 문자로 표현한 것보다도 더 사도적인 차원을 띠고 있다. 1270년에 프랑스인 총장 니꼴라스는 그의 유명한 〈불의 화살〉을 써서 지나친 활동에 대해 엄하게 비난하였다.

그러므로 데레사의 개혁의 사도적인 목적을 정당화하기 위해서는, 충만한 삶에서 체험된 하느님 사랑의 내적 성질을 첫째의 진리로 다짐함으로써, 데레사는 그 시대 교회가 시급히 필요로 하는 것이 무엇인가를 분명히 호소했다. 즉, 루터의 종교 개혁에 의해 선동된 그리스도교계의 분열 위협과 새로이 발견된 아메리카에 있는 선교사들로부터의 요청이었다.

데레사가 타고난 재질로 활동하고, 계획을 발전시켜 세속 사람들에게 회의 존재를 인식시키기 위해서 재치있게 기회를 포착해 가는 능력에 우리는 참으로 감탄하지 않을 수 없다. 출발점은 데레사의 개인적인 회심이고 그 귀착점은 회의 쇄신과 보편적 교회의 선교 활동이다. 그녀의 사업 활동의 규준이란, 그 시대의 영성적인 요구, 복음에 충실함, 교회에 대한 순명, 그리고 자기 회에 대한 충실함 등이다. 회에 대한 이 마지막 언급에서 데레사가 가르멜에 끼친 새로운 영향은 그 개혁으로써 사도적 임무를 명확히 정한 일이었다. 특히 그때까지 의식의 표면에 뚜렷이 나타나지 않았던 것을 바로 자각하고 명료하게 정리하는 일이었다. 즉, 가르멜의 소명이 띠고 있는 사도적 풍성함의 인식이며, 구체적으로 수녀들에게는 오로지 관상적 모습으로, 수사들에게 있어서는 관상적임과 동시에 활동적인 형태로 나타났다.

이 후자에 속하는 남자 가르멜 회원들에 대한 그녀의 생각을 뚜렷이 이해한다는 것은 어렵다. 그라시안 신부의 사순절이나 그밖의 수많은 설교 활동에 완전히 찬성하고, 또는 두루엘로의 첫 맨발 가르멜 회원들이 맡았던 일에 대해서 만족하고 있는 그녀의 모습이 확인될 뿐이다. 맨발 가르멜 수사들이 그들의 자매들인 수녀들을 "묵상기도의 정신"을 간직하도록 도울 것, 그리고 자매들에게 확실한 교의를 확고하게 가르칠 것 등을 데레사는 특히 예견하고 있었다. 만일 데레사가 "설교하고, 고백을 듣고, 영혼들을 하느님께 인도하는 그런 자유"를 갖고 있었다면 그렇게 하고 싶었던 직접적인 사도직을 자기를 대신해서 "그 영적 아들들"에 의해 실현되는 것을 "어머니 데레사"가 바라고 있었던 것은 의심할 여지가 없는 사실이다.

그러므로 생활의 본질에 있어서는 남자와 여자 가르멜회 사이에 아무런 차이가 없다고 명백하고 강력하게 단언하였다. 우리는 이 문제에 대해서 데레사가 그 딸들에게 확증하고 있는 것을 볼 수 있다. 가스틸르에 데레사기 킹립한 어떤 수노원의 잭임자이자 성좌 시찰관이기도 했던 예수회 회원인 파블로 에르난데스 신부에게 데레사는 편지를 썼다: "이것은 새로 생긴 회의 문제라고들 말하지만 우리는 완화되지 않은 원시 회칙만을 실천합니다. 우리의 원시 회칙을 부디 좀 읽어 봐 주십시오." 그녀에게 있어서는 결코 개혁만의 문제가 아니었다. 끊임없이 "회 전체의 선익"만을 그녀는 바라고 있었던 것이다. 비록 데레사가 그 첫 수도원을 가르멜회 장상들의 관할에서 떼어놓긴 했어도 그것은 회를 지키기 위해 어쩔 수 없는 일이었지 그렇게 함으로써 회에 대해 나쁘게 했다고는 생각지 않았다. 그래서 그녀가 창립한 여러 수도원들이 창립 이후 그랬던 것과 같이 성 요셉 수도원도 그것이 가능하게 되었을 때 즉시 총장의 관할 아래로 되돌렸던 것이다. 데레사는 스스로도 "예수의 데레사는 루베오 신부의 참된 딸입니다"라고 말했으며, 그녀의 자매들도 자녀가 부모에게 지니는 것과 같은 애정을 루베오 신부에게 가지고 있음을 끊임없이 말하고 있었다. 루베오 신부 자신도 의심 없이 성 요셉 수도원의 실태를 인정하고 있었다. 왜냐하면 그는 그곳에서 "아직 불완전하지만 우리 회 초기의 모습"을 볼 수 있었기 때문이다. 그는 또한 데레사에게 "관상적 남자 가르멜회" 창립을 인가해 주면서, 이 회의 점진적 확장을 생각하고 있었던 것이다. 드디어 여러 가지 사건 때문에 할 수 없이 개혁된 관구가 완화 회칙을 취하고 있는 관구로부터 분리할 것을 로마에 청하려고 데레사는 결심하였다. 그 일은 결국 이 회 전체를 위한 선익이었다고 그녀는 기뻐하고 있었다.

결론적으로, 아빌라의 데레사의 개혁 사업은 가르멜회에 새로운 자극을 주었다. 그리고 또한 교회 안에 신비적이자 활동적인 선교의 역할을 긍정하면서 그 관상적 이상에 초기의 활력을 회복시키고 있었다. 데레사는 가르멜산에 새로운 한 그루의 나무를 심는 데 그친 것이 아니라 내면에 수많은 새로운 열매를 맺게 했던 것이다. 그 시대 사람들의 말에 의하면 아빌라의 데레사의 개혁 가르멜의 모습은 "동양의 등잔 속의 에스파니아의 불꽃"이었다고 한다.

영 향

아빌라의 데레사는 영적 생활의 스승이자 개혁자라는 두 가지 이름을 가지고서 교회 안팎에, 또 사회 여러 계층의 뜻있는 이들에게 영향을 주었다. 이 문제에 대한 특별한 연구는 약간밖에 남아 있지 않으나, 증언은 오히려 매우 많이 있다. 우리는 여기서 대략의 개요만을 말하려고 한다.

데레사의 생시

내적 회심 이전에도 데레사는 자기 주위 사람들에게 참된 영적 스승으로서의 영향을 끼쳤다: 먼저 강생 수도원의 수녀들에게, 그리고 개혁 가르멜의 딸들에게, 또한 많은 고백신부들과 지도자들에게, 교구와 수도회 사제들에게, 그 예로서는 가르멜회 회원, 예수회 회원, 도미니꼬회 회원, 프란치스꼬회 회원, 거기다가 샬트르회 회원 – 페르난도 데 빤도자 – 과 예로니모회 회원 – 디에고 데 이에뻬스 – 들이다. 더구나 데레사와 접촉이 있었던 주교들에게, 에보라의 대주교 데우도니오 데 브라간자, 오스마의 주교 알론소 벨라즈케스, 그리고 아빌라의 주교인 알바로 데 멘도자들에 대해서도 그녀는 크고 작은 영향을 끼쳤다.

그녀의 명성은 전 에스파니아에 널리 퍼져 있었으므로 그 당시 몇몇 귀족들도 그녀와 가깝게 지내고 싶어했다. 그 귀족들이란 에볼리의 왕녀였던 세르다의 루이사, 부엘라다와 빌리에나 이 에스갈로나의 공작 부인들과 알바와 메디나셀리의 공작들, 몬테레이 백작 그리고 필립 2세까지도, 모두가 그녀를 만나보고 싶어했다. 지방에서도 사람들은 성녀에 대해 친근함을 느끼며 이야기했다. 때로는 그것이 온통 지어낸 일화이기도 했으며, 그 중에 어떤 것은 오늘날까지도 전해져 내려오고 있다.

찬사는 그만두고라도 그 강한 개성과 성화의 감화력은 데레사의 주변에 종교적 헌신과 열심을 전파시켜 나갔다. 그녀는 자신의 여정에서 신분의 고하를 막론하고 많은 분들의 협력을 얻었다. 마치 그들은 그녀의 사업을 돕기 위해서 태어난 것같이 보였다. 특히 그녀는 어느덧 하느님께 대한 타는 듯한 갈증과 영혼들을 돕고 싶은 목마름에 사로잡혀, 그것을 그 주위 사람들에게 전해 갔다. 데레사가 창립한 여러 수도원에서는 성녀의 모범에로 인도된 딸들의 관대함이, 그녀들 거의 전부를 "완전한 관상"에로 이끌어 간 것을 데레사는 알게 되었다. 그 열심함은 최초의 가르멜회 회원들과 비교해 보아도 결코 뒤지는 것이 아니었다. 도미니꼬회 회원인 페르난도 신부는 성청 시찰관이었는데, 빠스트라나의 수도원에 머문 다음에 이 수도원의 보호자인 루이 고메즈 황태자의 궁정에서 자신의 감격을 다음과 같이 말했던 것이다: "그들을 육안으로 본다면 미친 사람으로밖에는 생각되지 않습니다. 그러나 정신적인 눈길로써 바라볼 때, 그들은 진정 천사입니다. 그들은 자기들 안에 타오르고 있는 정신을 미지근한 우리들에게 전해 주고 있습니다. 그들은 상상도 할 수 없을 만큼 신비한 사랑의 전파자인 것입니다."

데레사에게 영향을 받아 내적 생활의 재생의 은혜를 받고 있던 신학자들 중에서 도미니꼬회 회원인 고백신부 몇 분을 여기 들어 보겠다. 먼저 빈첸시오 바론 신부인데, 데레사로부터 묵상기도에 힘쓰도록 깊이 격려받고 있었다고 이에뻬스의 디에고가 증언하고 있다. 이바네즈 신부는 묵상기도를 보다 더 깊이 하기 위해서 외딴 곳에 멀리 떨어져 있는 자기 회 수도원에 은거하였고, 그리고 데레사 편에서 적극적으로 묵상기도를 하라고 충고한 톨레도의 그라시안 신부는 "단호한 결심으로 그것을 받아들였다"고 한다. 그리고 또 도미니꼬 바네즈 신부인데, 그는 그 당시 가장 저명한 신학자였으나 오랫동안 그녀의 고백을 듣고 오히려 감화를 받고 말았던 것이다.

예수회의 고백신부들 가운데서 발다살 알바레즈 신부는 데레사와의 교제에서 가장 많은 선익을 얻은 사람이다. 그는 처음에 그녀를 이해할 수 없었기 때문에, 얼마 동안 그녀에게 엄격했으나 그러는 동안 점점 그녀에게 배우게 되었다. 데 리베라 신부는 다음과 같이 이야기하고 있다: "살라망까에서 우리가 많은 영적 서적에 대해서 그리고 그 서적들을 이용하는 방법에 대해서 이야기하였을 때, 알바레즈 신부가 자기는 예수의 데레사를 이해하기 위해서 이 모든 책들을 읽지 않으면 안되었다고 한 말을 나는 결코 잊지 않을 것이다." 알바레즈 신부는 데레사와의 접촉에서 배우는 것만으로 만족치 않고 그녀의 묵상 방법을 온전히 자기 것으로 삼아, 이제는 신비적 체험을 그가 직접 하게 되었다. 그때문에 그는 자기 회의 장상들로부터 아주 어려운 취급을 받게 되었다.

데레사가 십자가의 요한에게는 어떠한 감화를 끼쳤는가? 그녀의 개혁 정신에로 그를 깨우쳐 준 것은 바로 그녀 자신이었다. 또한 은연중에 그 모범으로써 하느님과의 합일의 가장 높은 상태를 그에게 가르쳐 준 것도 역시 데레사 자신이었다. 〈영혼의 노래〉에서 십자가의 요한은 신비적 여러 현상의 영역에 있어서는 한 권위자에게 대하듯 그녀의 의견에 따르고 있었다: "우리의 영적 어머니이신 복되신 예수의 데레사는 이 정신 문제들을 훌륭한 저서로 우리에게 남겨 주셨습니다. 하느님의 은총으로 그 모든 것이 멀지 않아 내가 바라는 대로 곧 햇빛을 보게 될 것입니다." 그러나 "어머니 데레사" 편에서 본다면 십자가의 요한의 "영적 딸"이라고 불리어 졌으나, 그의 사상의 형성을 위해 데레사가 무슨 역할을 한 것은 아닌 듯싶다. 그들은 서로 참된 영향을 주고 있었다고는 하지만, 그것은 그들의 성격, 연령, 성장 과정, 교육 등의 차이에서 그들 상호간의 영향은 그렇게 큰 것이 아니었다.

아빌라의 데레사가 끼친 영향력은 개인적이며 일시적인 것으로 한정된 것이 아니다. 그 개혁을 통해서 그녀는 그 시대의 교회와 사회에 중대한 역할을 하였다.

알룸브라도스라고 불리던 이들에게 대해서 그녀는 밀도 짙은 영성 생활의 가능성을 자기의 모범을 통해서 증명함과 동시에, 그녀가 받은 엄격한 영적 지도 덕분에 영성 생활의 정통성이 유지되었던 것도 증명했다. 그리스도인의 생활에서는 신인 그리스도의 위격적 묵상이 중요하다는 것, 또 고행과 여러 덕의 실천 등의 필요성을 데레사는 명백히 주장하고 있었다.

데레사는 이단 심문 때에 교도직에 대한 성실한 존경과 신앙의 결단과 진리의 추구 안에 살아 있는 건전한 정신의 자유와의 사이에, 모순됨이 없이 가능한 양립성을 자기의 행동으로써 증명했다.

프로테스탄트의 종교 개혁이 교회의 일치를 위협하고, 은총의 변용적 활동의 진실성이 의심받기 쉬웠던 그때에, 데레사는 자신의 저서와 실생활을 통해서 영혼 안에서의 하느님 현존의 현실이나 교회에 대한 자녀로서의 복종의 중요성 등을 명백하게 드러냈고, 또한 하느님과의 합일 위에 기초를 둔 사도직이나 개인적 기도의 무기에 의존하면서 나라와 나라와의 경쟁이나 대립을 초월해서 오로지 그리스도의 신비체 안에서 성세성사를 받은 모든 이들과의 초자연적인 연대성을 뚜렷하게 나타냈다: "우리를 받쳐 주는 것은 교회의 팔이지 세속의 팔이 아닙니다."

신대륙의 정복으로 에스파니아의 모험가들이 가지고 돌아온 전쟁과 돈 따위에 대한 어지러운 마음 상태에서 그녀는 하느님의 생명에로 향해져 있는 모든 인간의 본래 소명을 강조하며 인종, 문화, 종교 여하를 막론하고 인간으로서의 위격의 품위를 부르짖었다. 데레사의 고백에 의하면, 수많은 수도원을 창립한 후 "참으로 엄청난" 희생을 치러야 하는 "인디언들"의 구원을 위해, 거기서 침묵중에 기도하면서 자신을 봉헌하고 그 당시 문명 세계에 있어서 그리스도교적 양식을 제한하고 있던 정치적·지리적 경계를 잘 타파해 나갔다. 데레사는 중세의 그리스도 교권의 "보루를 파괴" 하는 데 공헌했다.

데레사의 사후

"어머니 데레사"의 교설의 권위와 영적 광휘는 잠깐 사이에 퍼졌고 분명해졌다. 1583년 이후 에보라에서 출판된 〈완덕의 길〉과 〈영적 보고서〉는 1585년과 1587년에 즉시 거듭 재판되었다. 저작 전집은 레온의 루이스 주선으로 1588년 살라망까에서 출판된 뒤 계속 판을 거듭하고 있다. 즉, 16세기에 13판, 17세기에 243판, 18세기에 125판, 19세기에 269판, 그리고 20세기에는 지금까지 528판을 넘어서고 있다. 데레사의 저서는 유럽 대부분의 언어로 번역되었으며 한국어, 중국어, 일본어, 말레이어, 타밀어, 아랍어, 희랍어로도 번역되고 있다. 1622년 그레고리오 15세에 의해서 그녀가 시성된 이후, 교황의 자리에 계신 분들도 그것을 읽고 본받도록 권유해 왔다. 비오 9세와 레오 13세는 데레사의 교설을 "천상의 지혜"라고 일컬었다. 비오 10세는 그녀를 교부들이나 교회 박사들 - 대 그레고리오, 요한 크리소스토모, 안셀모 등 - 에 비교하고 또한 베네딕도 15세, 비오 11세, 비오 12세, 요한 23세 등도 그녀의 빛을 인정하였다: "여자들은 교회 집회에서 말할 권리가 없으니 말을 하지 마십시오"(1고린 14,34)라는 성 바울로의 말씀에 대한 그릇된 해석을 깨뜨리고 바오로 6세는 드디어 1970년 9월 27일에 데레사를 교회 학자로 선언했다.

신학자들은 신비생활의 여러 문제를 해명하기 위해서 데레사의 가르침을 따랐다. 특히 하느님과의 합일에 있어 최고봉에 이른 뛰어난 인식, 관상기도의 단계에 대한 완벽한 묘사와 관상기도와 사랑의 완전함과의 상호관계, 그리고 영혼의 생명과 관련되어 있는 삼위일체 신비의 생생한 전망 등을 신학자들은 데레사에게서 배웠던 것이다. 그녀는 신비신학상의 고전적인 요소들을 실제적인 방법으로 입증하고 있다. 그러므로 데레사의 가르침은 수덕신학이나 신비신학의 모든 개론에 반드시 실려 있다: "그녀는 신비적 생활의 위대한 스승이다. 그 신비적 생활에 대해 데레사가 쓴 것은 윤리신학에 대해 성 알퐁소가, 교리신학에 대해 성 토마스가 쓴 것보다도 훨씬 권위가 있다."

17세기의 정관주의(靜觀主義)와 반정관주의의 논쟁 때에 학자들은 데레사의 저서를 인용하여 반론과 맞섰다. 즉, 미카엘 몰리노스, 벨위모 페늘론 그리고 보수에 등이다. 특히 보수에는 신비가들에 대한 논설 가운데서 데레사의 교설을 또다시 채택하여 그녀를 "비할 데 없는 훌륭한 데레사"라고 예찬하고 있다.

데레사의 제자인 예수의 안나, 그라시안 신부, 예수의 도마 신부 등은 "신격화의 이상주의에 떨어질 위험이 있는" 북방의 라인, 플랑드르계 영성가들의 영향에서 신비 이해를 수호하기 위해서 "어머니 데레사"가 저술한 것만을 사용하였다. 그것은 교설상의 풍요로움을 감소시켰을지도 모른다.

가르멜의 두 분 영성의 스승, 아빌라의 데레사와 십자가의 요한의 가르침에서 그리스도교적 영성의 한 학파가 생겨났다. 그러나 그들 두 분의 실제적 흐름을 따른 후계자는 신비 이해를 위한 학문적 연구의 전문적 논고 가운데는 적으며 오히려 그 두 분의 교설을 양식으로 삼아 살고 있었던 제자들에게서 많이 볼 수 있었다. 여기서 브르몽드가 지난날 "신비주의의 침입"이라 부른 17세기 초 프랑스에 전파되었던 영성 생활의 큰 흐름을 다시 한번 상기해야 할 것이다.

아빌라의 교회 박사에게 크게 매혹되어 있던 이들 중에 성 프란치스꼬 살레시오 주교가 있었다: "그는 데레사에게 매혹되어 있었다. 왜냐하면 가장 순수한 영적 전통의 충실한 메아리를 그녀의 메시지 안에서 들었기 때문이다." 이같은 영향에 제네바의 주교였던 성 프란치스꼬 살레시오 자신의 독특한 재능에 걸림돌이 되었음에도 불구하고 그 주교의 교설의 초안에도, 그 개혁의 계획에도 실제로 데레사가 끼친 영향은 적지 않았다. 그러므로 "그녀는 성 프란치스꼬 살레시오의 심중에 자기도 무엇인가 하고 싶다는 원의를 은연중에 불어넣었다. 갓 태어난 성모 방문회는 특히 1614년부터 몇 년에 걸쳐 그 실제적인 조직의 세칙에 데레사의 가르멜을 본받아 상당히 많은 것을 취하였다".

노트르담 수녀회의 창립자 성녀 레스톤낙크의 잔느(1556~1640)라든지 뚜르의 성 우르슬라회의 강생의 마리(1599~1672) 등의 모습을 상기해 보자. 퀘벡의 사도가 된 이 사람을 보수에는 "신세계의 데레사"라고 불렀다.

이 시기의 전망을 충분히 이해하기 위해서 최근의 한 연구 결과를 인용해 보자: "우리 연구의 마지막 부분에서 1600년부터 1660년에 걸쳐 프랑스 내의 영성 관계 여러 저술가들에게 끼친 데레사의 영향을 살펴보았다. 그 분석 결과 표면화된 기묘한 일로서 베륄르는 가르멜의 개혁자인 데레사의 사정을 잘 알고 있었을 터인데, 그의 저서 안에는 그녀의 업적에 대한 뚜렷한 표현도, 애매한 묘사도 전혀 찾아볼 수가 없다. 그것이 부정적인 면을 띠고 있기는 하지만 이 확인된 사실은 중대할 뿐만 아니라 프랑스의 가르멜 창립자로서의 베륄르의 역할을 생각해 볼 때 참으로 놀라운 일이다. 다른 저술가들은 그와는 달리 베륄르보다 아빌라의 성녀에 대해 더 많이 언급하고 상당한 지면을 할애하고 있다. 예를 들면 리쉐옴, 시르몽, 쉬랭, 까뮈, 성탄의 시프랭, 거기에다 "아르놀의 박사"와 같은 영성 저술가들, 그 시대의 사회인이었던 다른 이들, 그뿐 아니라 세속적인 문학가들까지도, 예를 들면 빠스칼, 리슐리외, 생소를랭의 데마레도 데레사에 대해서 더 많은 것을 언급하고 있었다. 그들 대부분은 이미 성 프란치스꼬 살레시오를 신비 또는 영성 면에서 프랑스 최고의 권위자로 존경하고 있고 데레사의 영향을 받고 있는 그를 모범으로 받들고 있다. 세속적인 문학까지도 때로는 에스파니아에서 영감받는 것을 거부하지 않았으니, 더구나 종교 문학은 예수의 데레사의 정신을 양식으로 삼고 있었다고 말할 수 있다. 그 정신이야말로 하느님 사랑의 가장 내밀한 길로 프랑스 영성 저술가들을 인도할 힘을 지닌 위대한 여류 신비가의 얼의 걸음걸이인 것이다. 〈영혼의 성〉은 〈완덕의 길〉과 함께 17세기 이후 프랑스의 영적인 여러 지평선 위에 우뚝 솟아 있었다. 즉, 우리의 책장에 비치는 투명 무늬인 양 부각되어 있는 이 영상은 그 지평선들을 비추어 줄 뿐 아니라 더욱 요약해서 그것을 정당화시켜 주고 있기도 하다."

에스파니아의 수많은 이들 중에 아빌라의 성녀의 제자에 속하는 사람들을 여기 들어 보자: 성 요셉 오리올(1650~1702), 성체의 성 마리아 미카엘(1809~1865), 성 안토니오 마리아 클라레트(1807~1870) 등이다.

이탈리아에서는 프란치스꼬회 회원, 세즈의 성 새를르(1613~1670), 뽀르뜨모리스의 성 레오나르드(1676~1751), 고난회의 창립자가 된 십자가의 성 바울로(1694~1775), 성 빈첸시오 빨롯디(1795~1850) 그리고 특히 성 알퐁소 리고리오(1696~1787) 등이다. 성 알퐁소는 교회 참사회원인 백부 지지오와 사촌 누이이며 나폴리의 가르멜회 수녀였던 리고리오의 데레사 덕분에 스쁜디니의 잔 프란치스꼬와 코시마 다치(1603)의 이탈리아어 번역을 통하여 알게 된 성녀 데레사의 저서를 탐독하였다. 회심 초기에 그 나름대로의 신비적인 길에 있어서 자기의 스승을 따르고 있던 성 알퐁소였으나 그후에 일반적인 사도직에로 전향하여 자발적으로 데레사의 교설 가운데서 수덕적인 부분에만 더욱 전심했다. 일반인을 상대로 한다는 그 같은 이유 때문에 그는 십자가의 요한보다도 오히려 데레사를 좋아하고 있었다. 왜냐하면 그가 그녀 안에서 "그리스도인의 생활의 아주 공통적인 사정도 포함하여 모든 측면을 포용할 수 있는 가장 풍요로운 생활 태도를 찾아내었고, 그것을 통해서 데레사의 사고방식은 이 이탈리아의 윤리신학자의 실제적인 사고에 매우 가깝게 보였기" 때문이었다. 그는 성녀 데레사의 저서를 인용하면서 〈완덕의 요약〉을 편집했고 그 초안이 1670년에 〈그리스도의 참된 정배〉라는 대논문을 써내는 데 도움이 되었다.

그러나 "어머니 데레사"의 정신이 가장 힘차게 생동하고 있던 곳은 역시 가르멜 안에서였다. 프랑스에 있어서 데레사의 가르멜은 1604년 파리의 한 기혼 부인의 적극적인 추진으로 뿌리를 내렸다. 바로 여섯 자녀의 어머니였던 아카리 부인인데, 개혁자인 데레사의 저서를 읽고 나서 베뢸르의 피에르와 구엔타나듀에나스의 잔 등의 도움을 받아 부인이 계획했던 창립을 실현하였다.

이제 가르멜 수녀들 중에서 잘 알려진 몇 사람을 들어 보기로 한다: 라 발리에르의 루이즈, 루이 15세의 공주로 생 드니의 가르멜회에 입회한 프랑스의 루이즈, 그리고 프랑스 혁명 때 단두대의 이슬로 사라진 꽁피에느의 가르멜회 수녀들 ― 이 내용을 베르나노스는 삽화 희곡으로 만들었다 ―,

디죵 가르멜회의 삼위일체의 복녀 엘리사벳 — 그녀가 저술한 영혼 안에 삼위일체의 현존에 대한 유명한 저서는 많이 읽혀졌다 —, 에딧 슈타인, 유대인 철학자로서 훗설의 제자가 되고, 후에 그의 조수가 되었던 그녀는 무신론자였는데, 어느 날 친구집에서 우연히 성녀 데레사의 〈자서전〉을 읽게 되었다: "나는 읽기 시작했습니다. 즉시 그것에 사로잡혀서 마지막 책장까지 도저히 멈출 수가 없었습니다. 다 읽고 책을 덮으면서 나는 생각했습니다. 이것이야말로 진리이다"라고. 가톨릭으로 개종한 그녀는 꼴로느의 가르멜회에 들어가, 1942년 아우슈비츠의 수용소 가스실에서 귀천했다.

데레사의 딸들 중에 데레사의 정신을 성화에로 가장 잘 구현시킨 것은 리지외의 데레사(1873~1897)이다. 특히 문학적인 풍에 있어서 "어머니 데레사"와 리지외의 데레사는 대단한 차이가 있었음에도 불구하고, 더구나 작은 데레사의 글에서는 19세기 말에 몰락한 낭만주의의 흔적을 느낄 수 있지만, 그래도 그녀의 영적 광휘는 "어머니 데레사"의 광휘에 견줄 수 있을 정도이다. 리지외의 데레사는 〈자서전〉 원고에서 네 번, 그 서간집에서는 여덟 번만 이 에스파니아의 개혁자를 뚜렷이 인용했을 뿐이지만, "그녀는 아빌라의 데레사의 교설을 고스란히 그대로 자기 것으로 재현시켰던" 것이다. 실제로 데레사는 그 어머니 데레사와 같이 그녀의 내적 생활에 필요한 것, 특히 그리스도의 수난 신비에 대한 관상에 필요한 것을 다른 책이 아닌 복음 안에서 찾아내고 있었다. 리지외의 데레사는 자기 소명의 핵심을 사랑의 실천에 두었고, 구령에 대한 타오르는 소망을 품고 있었다. 그녀의 생애는 사제들을 위해 바쳐졌다: "이 소명이야말로 가르멜의 소명입니다. 왜냐하면 우리의 기도와 고행의 유일한 목적은 사도들의 사도가 되는 것이기 때문입니다. 우리가 기도하는 동안 사제들은 말과 특히 그들의 표양으로써 영혼들에게 복음을 전하고 있습니다."

"어머니 데레사"의 마지막 말씀을 리지외의 데레사는 유산으로 받았음을 다음 말로써 나타냈다: "우리 어머니이신 성녀 데레사와 같이 나도 교회의 딸이기를 바랍니다."

현대와의 관계

　18세기가 끝난 다음, "광명의 세기"의 합리주의와 19세기를 새로운 도화선으로 해서 우리의 시대에는 아빌라의 데레사에 대한 관심이 되살아남을 알게 된다. 그것은 1950년부터 1967년 사이에 놀랍게도 그녀의 저서가 183판에 이르렀다는 것으로도 증명된다.

　데레사의 저서는 심리학자들, 철학자들, 모든 종파의 그리스도교도들 그리고 비그리스도교인들이나 무신론자들에게까지 관심있게 읽혀지고 연구되고 있다.

　앙리 베르그송은 데레사를 "완전한 신비주의" 분야에서 "위대한 그리스도교적 신비가들" 무리 중의 한 사람으로 생각하고 있다. 그는 자기의 회심담에서 이렇게 말한다 : "나는 십자가의 요한과 성녀 데레사를 읽었다. 에스파니아의 참된 대표자인 그들 안에는 우리 나라와 똑같은 수준에 있는 민족의 영적 재능의 구현을 보았다. 성녀 데레사와 십자가의 요한 안에서 우리는 같은 영감을 발견한다. 그리고 그들 두 사람은 서로 다른 점을 통해서 서로가 보충하고 있다. 그들 두 성인은 신비 생활의 정점에 이르고 있다. 즉, 활기차게 생기를 띠고 약동적으로 하느님과의 관계에 놓여 있는 가톨릭 권내에 피어난 이 위대한 신비가들은 기도로써 하느님과 쉽게 합일하며 더구나 언제나 하느님 곁에 있는 이들의 영혼을 우리에게 보여 주는 신비 생활을 구현하고 있다. 그리고 인간의 영혼을 직접 하느님과의 교류에로 이끌며, 동시에 인간의 영혼이 얼마나 약하고 보잘것없는 것인가를 영혼이 이해하도록 하는 이 신비 은총 분야에서 과연 그들 두 사람은 절정에 이르고 있다. 여기에서 나는 종교적 문제의 중대성을 깨달았다. 그와 같은 뜻을 나는 미처 파악하지 못했던 것이다.

　요리스 가르르 후이스만이 신앙으로 인도된 것은 아빌라의 데레사의 저서 때문만은 아니었으나, 그가 온전히 회심되는 데에는 데레사의 저서를 읽는 것이 큰 역할을 하였다: "데레사가 쓴 것을 그는 많이 응용했다. 그가 데레사에게서 인용한 많은 메모나 그것을 늘 이용하고 있었던 일들이 그 사실을 명백하게 입증하고 있다. 그는 아빌라의 대신비가로부터 많은 것을 배웠다." 데레사에 관해서 그는 다음과 같이 기록하고 있다: "그녀가 얼마나 훌륭한 심리학자인지는 듀르탈도 인정하고 있는데 참으로 그것은 확실하다. 그리고 데레사는 비범한 양면성을 지닌 놀라운 신비가인 동시에 굉장한 수완가였다. 즉, 세속에서 떠난 자리에서는 관상가이고, 세속을 향해서는 정치가이기도 하다. 데레사는 봉쇄 안에 사는 여류 콜베르 – 루이 14세 시대에 프랑스의 위대한 정치가 – 이다. 정확하고 완벽한 일꾼이고 유능한 창립자이기도 한 데레사에 맞설 여성은 결국 아예 없다고 해도 좋을 것이다. 이루 말할 수 없을 정도의 고난에도 불구하고, 그녀가 서른둘이나 되는 수도원을 창립하여 그것들을 지혜의 결정체와도 같은 회규의 지배 아래 둔 사실을 생각해 볼 때, 데레사를 거슬러 마치 신경병증이라거나 미쳤다라는 생각을 품고 있는 이들의 말을 들으면, 아연실색하지 않을 수 없다.

샤를르 드 후꼬 신부도 데레사의 영향을 깊이 받았으며 오래 지속되었다. 끊임없이 되풀이해 읽고 있던 복음서 외에 "어머니 데레사"의 저서는 샤를르 수사에게 참으로 중요한 영적 독서였다. 그는 죽기 일 년 전에 그의 친구에게 보낸 편지에서 성녀 데레사에 대해 이렇게 말하고 있다: "나는 당신이 얼마나 이 위대한 성녀의 생애를 맛보셨는지 알겠습니다. 그녀의 생애를 기록한 〈자서전〉, 〈창립사〉, 〈주의 기도〉(〈완덕의 길〉 참조), 〈서간집〉 그리고 나머지 저서를 전부 읽어 보십시오. 데레사의 저서는 어느 것이나 다 훌륭합니다. 특별한 영적 사정과 아울러 모든 이를 위한 실천 가능한 사정도 거기서는 찾아낼 수 있습니다. 그것을 다 읽은 후에 당신은 반드시 다시 읽고 싶어할 것입니다. 성녀 데레사는 우리에게 매일의 양식을 만들어 주는 저자들 중의 한 분이시기 때문입니다."

데레사에 대해 말한 수많은 이들 가운데서 우리와 같은 시대 사람들 중에서 두 가지 평가만을 들어 보겠다.

우나무노의 미겔은 성녀 데레사에 대해 심리학자라든가 사기꾼이라고 하는 견해에 변호하면서 이렇게 말한다: "학식의 가치를 진심으로 이해하고 있던 데레사는 감상적인 발현 같은 얘기를 좋아하지 않았다. 그리고 성녀와의 대화에서 터무니없는 예언이나 허튼 소리는 조금도 찾아볼 수 없었다."

그러나 신비적인 하느님과의 교류에 관한 사정은, 비록 우리가 거기에 대해서 품은 생각이 어떠하든, 매우 진지한 사정들이다.

오랜 과정을 거쳐 데레사를 발견한 가브리엘 제르맹의 증언은 훨씬 최근의 것이다. 그는 다음과 같이 말한다: "데레사는 참으로 살아 있다. 그녀는 온전히 체험 그 자체이다. 그녀는 논쟁 따위는 하지 않는다. … 이 16세기의 여성은 중세기보다도 오히려 우리 시대를 살고 있다. 무엇보다도 먼저 그녀의 분석력이 그러하며 있는 그대로의 모습과 정직한 행위는 더욱 그렇다. … 성녀 데레사는 학자는 아니었지만 요가의 길보다 더욱 간결하고 방법이 필요없는 길로 우리를 인도했으며, 더구나 그 부족한 방법의 보충은 은총에 의해서 채워진다는 것과 그리스도인의 영혼이 어떻게 눈에 보이지 않는 하느님과의 내적 합일에 도달할 수 있는가를 '실천으로' 우리에게 가르쳐 주었다."

데레사의 초상화

한 인격의 영향력은 영감을 불러일으켜 예술 작품을 낳게 하고 그 작품은 또다시 문명 안에서 그 특징을 드러낸다. 예술가들이 남겨 놓은 것은 거의 다 아빌라의 데레사의 신비적인 모습이다. 여기서 우리는 그 많은 작품들을 간단히 살펴보기로 하자.

1576년 6월 2일 미제리아의 요한 수사가 세빌리아에서 제작된 "어머니 데레사"의 최초의 초상화는 재능 면으로나 기교 면에서도 평범한 화가의 작품이다. 그러나 거기에는 적어도 진지하고 충실하려는 노력에 가치가 있다. 이 그림은 16세기 말경 〈아우마다 가문의 소유〉라고 불리는 그림을 그린 무명의 화가에 의해서 여러 번 복사되고 묘사되었다. 이 화가는 나중에 고전적인 몇 가지를 덧붙였다. 예를 들면 저작할 때 성녀를 인도한 성령의 영감을 상기시키는 한 마리의 비둘기, 글씨를 새겨 놓은 작고 길쭉한 기- 그 깃발에는 "어머니 데레사"라든가 "복자" 혹은 "성녀"라든가, 또는 성서의 한 구절 등이 적혀 있다- 이 그림들은 카라바카, 발야돌리드, 말린느, 브뤼셀, 가인, 뚜르네 가르멜회 등에 남아 있다.

17세기 초의 판화는 윌릭스, 말레리의 C.J. 발도르 등의 예술가들이 시도한 새로운 작품에서 시작했다: 〈그의 수방에서 저술하고 있는 데레사〉, 〈그녀의 고행, 기도 정신을 상기시키는 부속품(편태, 물레, 묵주)〉, 〈신비적 생활의 장면에 묘사된 데레사〉 그리고 〈머리에 후광이 그려진 데레사〉, 〈펜을 손에 든 데레사〉, 또한 여기저기 놓인 책들도 볼 수 있다.

17세기의 화가들이나 조각가들 가운데는 탈혼 상태의 데레사와 저술하고 있는 데레사, 그리고 연옥 영혼의 구출 등을 그리고 있는 루벤스의 그림 석 장을 들어 말할 수 있겠다. 그리고 리베라의 호세와 주르바람의 작품, 바라즈케즈의 세 작품, C. 갈르, F. 고메즈, 알론소 데르 아르고, 그레아의 G. 등도 추가해야 할 것이다. 또한 로마의 산타 마리아 델라 빅토리아 교회에 있는 베르닌의 대리석 조각도 말할 수 있겠다.

18세기에는 1725년 작인 S. 릿치의 그림, 1766년 작인 J.A. 월프의 유화 걸작, 로마의 성 베드로 대성전에 있는 필립보 발르의 조각상들 외에는 그다지 볼 만한 작품은 없었던 것 같다. 곳드프리드 에이치레르에 의한 라티스 본느의 이미지를 둘러싼 논고는 이미 데레사에 대해 성 토마스 아퀴나스와 대응한 "세라핌적 박사"의 칭호를 주고 있다.

19세기에는 J.B. 산테르, P.I. 드르베 등이 그린 생기 없는 눈으로 된 데레사의 그림이 있고 그것들을 통해서 18세기부터 시작되고 있던 종교 예술의 몰락이 한층 심해졌음을 알 수 있다.

1828년 작인 B. 제라르의 작품, 그리고 J.A. 테제도르나 봇산 등과 같은 예술가들의 작품이 비록 정성을 다하고 신심을 다한 작품이지만 역시 평범작에 지나지 않는다. 그러나 1883년 작인 A. 세르봐스 작품, 1936년 작인 호세 마리아 세르드의 작품 등은 예외로 범작이 아니다. 그것들은 데레사의 초상에 종교적이며 동시에 예술적인 영감을 또다시 준 것이었다.

아빌라의 데레사가 오늘날에도 보기 드문 영적 저자 중의 한 사람이고, 지금도 그 저서가 사람들에게 읽혀지는 이유 또한 역시 4세기 전과 똑같은 이유 때문인 것이다. 오히려 데레사는 오늘날에 훨씬 더 잘 이해받고 있다고까지 말할 수 있다.

데레사의 매력은 성실함, 솔직한 말씨, 확실히 말수는 많지만 꾸미거나 자만하지 않는 것, 진실미와 해방감, 개인적인 접촉을 찾는 마음, 절대자에 대한 넘치는 정열, 참되고 거짓 없는 하느님 체험의 증거 들이다.

참으로 데레사는 프로테스탄트의 종교 개혁과 교회의 교도직에 대해서 교회 안에 있어서의 예언자적 자세를 본능적으로 체득하고, 또한 비그리스도교적 세계를 향한 선교의 서곡을 본능적으로 읊조리고 있었다. 데레사는 전형적인 원숙한 여성의 면모를 보여 주었다.

그녀의 인품에 관해서 특히 주목할 만한 점은 외견상 모순되는 여러 요소들이 더욱 높여진 단계에서 참으로 잘 조화되어 있는 그것이다. 즉, 신비가이면서 동시에 현실주의자, 엄격하면서도 인정있고, 습관성 질환을 가진 자로서 안정된 정서가, 여성다우면서도 남성적이며, 관상적이고 "유능한 실제가", 학식은 없으나 천재적인 저술가— 이러한 종합이 데레사인 것이다.

데레사 안에서 누구라도 자기 모습의 반영을 확인할 수가 있다. 왜냐하면 일반적인 접촉에서 데레사는 인간 조건의 한계와 위대함을 보여 주는 진리와 깊이의 수준 안에서 살았기 때문이다. 우리는 십자가의 요한이 쓴 것을 데레사에게 적용시켜 볼 수 있다: "이토록 높은 곳에 도달한 영혼은 아주 적다. 그러나 어떤 영혼들은 거기에 도달했다. 주로 이 영혼들이야말로 자녀들의 상속의 몫으로서 덕행과 정신을 이르는 곳마다 침투시켜 갔다. 하느님은 바로 그들의 가르침과 정신을 받아 계승한 정도에 따라, 선두에 선 이들에게 정신의 첫 열매로서의 풍요로움과 위대함을 주셨다."

저서와 본문

저서

 성녀 데레사가 쓴 것은 거의 전부 자필 원고로 보존되어 있다. 그래서 사실상 비판의 여지가 없는 것이다. 대체로 저서들을 두 부류로 일단 나누어 볼 수 있다.

 첫째로, 저작 연대순으로 볼 수 있는 주요 저서, 즉〈자서전〉,〈완덕의 길〉,〈창립사〉,〈영혼의 성〉.

 둘째로, 소품집 또는 여러 가지 작은 저서들.

주요 저서

〈자서전〉은 가르시아 드 톨레도 신부의 명령에 의해서 1562년 저술되었는데, 1563년부터 1565년 사이에 19장과 36장부터 40장까지를 추가하여 완성되었다. 1575년에 에볼리 왕녀에 의해서 이단 심문소에 고발되었으나 1587년 다행히 되돌려 받았다. 결정판의 원고는 에스꼬리알의 왕실 도서관에 보존되어 있다.

〈자서전〉 안에서 데레사는 "자기의 묵상 방법과 주께서 주신 은혜와 함께 자기의 비참한 삶"을 말하며, 고백신부에게 자기의 영혼을 인식시키려 하고 있다(머리말). 이 책이 지니고 있는 역설은 독자가 그녀의 비참한 삶의 고백을 가까이서 들을 수 있음과 동시에 마치 훌륭한 영성 박사의 강의를 직접 듣는 것과 같은 느낌이 드는 일이다. 대체로 네 부분으로 구별되는 이 책의 구성 안에는 역사적이면서 동시에 교설적인 부분이 드러나고 있다.

제1부(1~10장)는 데레사의 회심까지 생활의 기록이다.

제2부(11~22장)는 묵상기도와 신비적 은혜에 관한 작은 논술이다.

제3부(23~31장)는 데레사의 회심에서 완전한 합일의 은혜에 이르기까지 기록이다.

제4부(32~40장)는 아빌라의 성 요셉 수도원의 창립과 데레사 생애의 전 과정에서 받은 여러 종류의 은총에 관한 이야기이다.

〈완덕의 길〉은 1566년 바네즈 신부의 요청에 따라서 아빌라의 성 요셉 수도원의 수녀들을 위해 썼는데, 그후 모든 가르멜회의 수녀들을 위해서 1569년에 수정하였다가 1576년에 더욱 일반적인 흐름으로 다시 한번 개정하였다. 데레사의 자필 원고의 일부는 에스꼬리알에, 다른 부분은 발야돌리드의 가르멜회에 보존되어 있다. 자못 교훈적인 이 책은 외줄기 길을 더듬어 가듯이, 묵상기도란 무엇이고, 어떤 조건을 가지며, 어떠한 단계를 거쳐 가는지 설명하고 있다. 이 책은 대체로 두 부분으로 크게 나뉘어진다.

제1부(1~25장)는 데레사의 개혁 목적, 수덕상의 권고, 묵상기도 생활에 필요한 마음 자세들을 말하고 있다.

제2부(26~42장)는 묵상기도, 신비적 여러 단계, 주의 기도의 주해들을 말하고 있다.

〈창립사〉는 1574년 리파르다 신부의 요청에 의해 시작한 것으로 그녀의 활동을 기록한 책이며, 몇 차례 중단되었다가 데레사의 귀천 두 달 전에 부르고스에서 완성하였다. 자필 원고는 에스꼬리알에 있다.

그의 딸들을 교화시킬 목적으로 데레사는 수많은 여행과 에스파니아 전역에 걸친 수도원 창립의 파란만장한 이야기를 영적 권고를 섞어 가면서 기록했다. 예를 들면 4장부터 8장은 참된 신비적 은총과 거짓 신비적 은총의 식별을 설명하고 있다.

〈영혼의 성〉은 그라시안 신부의 명으로 3개월에 걸쳐 1577년에 썼다. 이 신비적 신학의 걸작은 묵상기도와 영적 생활에 관한 성녀의 교설을 종합적으로 드러내고 있다. 이 자필 원고는 세빌리아의 가르멜회에 있다.

이 책에서 영혼은 묵상기도 또는 하느님과의 친밀에 관한 일곱 단계에 대응하는 일곱 개의 거주로 구분된 성으로 비유되고 있다. 여섯 거주의 모임은 하느님이 그 안에 계시는 일곱째 중심 거주를 사방팔방으로 에워싸고 있다. 일곱째의 거주로 인도되어 들어가기에 앞서 영혼은 밖으로부터 모든 거주를 거쳐야만 한다.

소품 또는 작은 저서

〈영적 보고집〉은 예순 여섯의 메모로 구성되어 있는 특수한 은총에 대한 간결한 요약집이다. 그 가운데도 여섯 개가 가장 중요한 것으로 데레사의 영혼 상태에 관해서 고백신부들에게 보낸 여러 가지 보고들이다. 이것들은 〈자서전〉의 보충이 된다.

〈하느님 사랑에 대한 생각〉 또는 〈신애고〉는 몇 개의 미완성 사본만이 남아 있다. 자필 원고는 이단 심문에 저촉되는 것을 두려워한 얀구스의 디에고 신부의 명령으로 성녀가 손수 태워 버렸다. 그러나 그것들이 성녀의 진정한 저서임은 의심할 여지가 없다.

이것은 영혼이 갈망하는 평화를 주제로 하여 아가의 몇 구절을 설명한 것이다. 즉, 유일한 참된 평화는 하느님과의 합일에 의해서 얻을 수 있다는 것이다.

〈하느님께 부르짖음〉 또는 〈화살기도〉는 성녀가 영성체 후에 종이 쪽지에 급히 갈겨쓴 것이며 사랑, 원의, 고뇌, 희망 등의 진실된 마음의 부르짖음이다. 하느님을 향해 나아가는 이 영혼의 상승은 성 아우구스티노의 〈고백록〉과도 견줄 수 있다.

〈회헌〉은 강생 수도원에서 실행되고 있던 원문에 의한 것으로서 특별히 그 개혁을 위해 편성되었다.

〈수도원 시찰법〉은 교회법상의 시찰을 수녀들이 영적으로 더 잘 이용할 수 있도록 주의와 조언을 주고 있다.

〈시〉는 수도원 생활에서 지내던 여러 축일의 특별한 상황에서 이루어졌으며, 때로는 그녀의 풍부한 감성을 표현하기 위해서 여러 기회에 작성되었다.

〈충고와 격언〉은 이것저것의 짧은 격언의 기록이다.

〈도전에 대한 응답〉은 어떤 덕의 실천을 두고 그것을 더 잘 하기 위해서 어느 수도원에서 다른 수도원에 도전하는 가르멜회의 관습을 상기시켜 준다. 빠스트라나의 수련자들은 절제를 주제로 내놓았고, 그녀는 그것을 영성적 영역에서 논쟁하면서 대답하고 있다.

〈괴롭힘〉 또는 〈박해〉는 묵상기도중에 데레사가 들은 "내 안에서 너를 찾으라"는 내면의 소리에 대해서 십자가의 요한을 포함한 몇 사람의 친구들이 행한 해석에 대한 비판이다.

〈서간집〉

1924년 에스파니아의 실베리오 판에 이어서 M. 오끌레르의 번역(1959)은 437통의 서간을 포함하고 있다. 그러나 그 중 다섯 통은 확실하지 않다. 최근의 비판판은 457통을 헤아리고 있다(에프렌 및 스테진크 공편 〈데레사 전집〉 BAC판, 1959년).

참으로 여러 계층의 사람들에게 보낸 서간 ― 그 안에는 필립 2세에게 보낸 것도 포함되어 있다 ― 은 병을 위한 투약에서부터 시작해서 부엌의 자질구레한 일이나, 개혁에 대한 여러 가지 일과 영적 지도에 이르기까지 온갖 문제를 취급하고 있다. 이 편지들에는 성녀의 마음이 잘 드러났으며, 서간문의 분야에서도 걸작을 이룬다.

본문 발췌

수도원 입회

　내가 아버지의 집을 떠날 때 겪은 심한 고통은 내가 죽을 때에도 이보다 더 괴로우리라고는 생각되지 않을 정도였다고 기억됩니다. 그것은 확실합니다. 내 뼈는 온통 마디마디가 무너나는 것 같았습니다. 그때 나는 아버지와 육친들에 대한 사랑이 하느님께 대한 사랑보다도 강했으므로 만일 주께서 나를 도와 주시지 않았더라면 내 힘만으로는 내가 앞으로 나아간다는 것은 도저히 견딜 수 없을 만큼 만사에 있어서 대단히 큰 희생으로 느껴졌습니다. 그러나 하느님은 내게 자기를 이길 힘을 주셨고, 그래서 나는 행동할 수가 있었습니다.

　내가 수도복을 입은 후 주님은 하느님을 사랑하기 위해 자기를 억제하는 이들에게 어떠한 은총을 주시는가를 내게 깨닫게 해주셨습니다. 아무도 나의 싸움을 눈치채지 못하였고, 오히려 나의 큰 선의만을 보았습니다. 마침내 나는 수도생활을 하게 된 사실에 커다란 기쁨을 느끼게 되었고 그때부터 이 기쁨은 오늘까지 가셔진 적이 없었습니다. 그리고 하느님은 내 영혼의 메마름을 당신께 대한 더할 나위 없는 부드러운 사랑으로 변하게 해주셨습니다. 수도생활의 온갖 의무는 나에게는 대단한 즐거움이었습니다. 전에는 내나름의 즐거움이나 몸치장에 쓰였던 그 시간에 청소를 하고 있는 자신을 보고는 드디어 그 헛된 것에서 해방된 것을 생각하고 나는 새로운 기쁨에 넘쳤습니다. 그러나 이 기쁨이 어디서 온 것인지 모르면서 나는 스스로도 놀라고 있었습니다. 그 일을 생각하면 나는 과감히 큰 어려움에도 맞설 용기를 느낍니다. 왜냐하면 나는 종종 다음과 같은 경험을 했기 때문입니다. 그것은 무슨 일이든 하느님만을 위하여 하려고 할 때, 하느님께서는 영혼에게 더 많은 공로를 얻게 하시려고 먼저 두려움을 느끼게 하십니다. 두려움이 크면 클수록 더욱 그 보상은 크고 감미롭습니다. 주님은 이 세상에서부터 그것을 맛본 사람들만이 이해할 수 있는 방법으로 우리에게 갚음을 주십니다. 이미 말씀드린 것처럼 나는 매우 중대한 수많은 일에서 이것을 경험했습니다. 만일 내 의견을 말하는 것이 허락된다면, 가끔 우리를 자극하는 좋은 영감을 실행할 때에 천성에서 오는 두려움 때문에 그것을 중지하지 말라고 말하고 싶습니다. 왜냐하면 만일 하느님만을 위한 일이라면 실패를 두려워할 필요는 없습니다. 하느님은 영원히 찬미받으시옵기를. 아멘.

지옥의 환시

어느 날 기도하고 있을 때 영문은 잘 모르겠으나 갑자기 나는 지옥에 온전히 빠져들어 간 듯하였습니다. 악마들이 나를 위한 장소를 마련하고, 또한 나의 죄의 대가인 지옥의 그 자리를 주님께서 내게 보여 주시려고 한 것임을 알았습니다. 그것은 아주 잠깐 동안이었습니다. 그러나 내가 아무리 오래 산다 해도 그것을 도저히 잊을 수는 없을 것 같습니다. 들어가는 입구는 아주 길고 좁은 골목 같기도 하고, 아주 낮고 컴컴하고 비좁은 아궁이 같기도 했습니다. 땅바닥은 무척 더러운 진흙탕처럼 보였습니다. 그 흙탕물에서는 아주 역겨운 냄새가 올라오고, 소름끼치는 작은 파충류가 우글거리고 있었습니다. 벽의 맨 끝 한구석에는 벽장처럼 움푹 파인 구멍이 있었는데, 나는 불편하게 거기에 처박혀 있었습니다. 내가 지금 말하는 것은 그때 느낀 것에 비한다면 약한 표현입니다. 나의 말은 결코 과장된 것이 아닙니다.

내가 경험한 이것은 결코 말로 표현할 수 없고, 이해하지 못할 일이었습니다. 내 영혼 안에는 형언키 어렵고, 묘사할 수도 없는 어떤 불덩어리가 숨겨져 있었습니다. 게다가 나의 고통은 대단히 심하고 견디기 어려운 것이었습니다. 이 인생살이에서 나는 지금까지 혹심한 고통을 견디어 왔습니다. 의사들의 말에 의하면 내가 참아 온 고통은 이 세상 사람으로서 겪을 수 있는 최대의 고통이라고들 합니다. ― 내 몸의 기능이 중지되고 있을 때 나의 신경은 온통 마비되어 버렸습니다. 그밖에 말하지 않았던 많은 고통이 있었고, 그것들은 앞에서 말했듯이 어떤 것은 악마로부터 온 것이었습니다. ― 그러나 그런 것들도 내가 이 지옥에서 겪은 고통과는 비교도 되지 않았습니다. 더구나 지옥의 고통은 끝나거나 정지하는 일도 없습니다. 그러나 이러한 고통들도 영혼이 죽는 그 고통에 비긴다면 아무것도 아닙니다. 영혼은 압박과 질식, 심한 고뇌, 크나큰 절망, 고독의 슬픔 등, 나로선 어떻게 표현해야 될지 모를 정도의 고통을 겪었습니다. 영혼이 끊임없이 쥐어뜯긴다 하여도 여기에 비하면 그것은 그리 대단한 것이 못됩니다. 왜냐하면 이것은 다른 사람에 의해 생명을 빼앗기는 것처럼 생각되기 때문입니다. 그러나 위에서는 영혼 스스로가 자신을 찢어내고 있습니다. 나는 이렇듯 극심한 고문이나 고통을 자기에게 가하는 이런 절망이나, 내심의 불길도 글로서는 도저히 표현할 길이 없습니다. 무엇이 나를 이렇게 괴롭히는지 전혀 알 수가 없었습니다. 그러나 누군가가 나를 불로 지지고 난도질하고 있는 것같이 여겨졌습니다. 나는 거듭해서 말씀드립니다마는 이 불, 이 내심의 절망이야말로 가장 지독한 것이었습니다.

위로가 될 희망이란 아무것도 없는 이 지독히 지겨운 장소에서는 앉을 수도 누울 수도 없습니다. 즉, 자리가 없습니다. 나는 벽에 뚫린 이 구멍과 같은 곳에 있었습니다. 보기에도 무시무시한 이 벽들은 서로가 서로를 압박해서 좁혀지고 온전히 숨이 막힐 것 같습니다. 빛이 없고 숨막힐 듯한 매우 짙은 어둠이 있을 뿐입니다. 빛이 없는데도 괴로운 이 모든 것을 어떻게 볼 수 있는지 나는 모르겠습니다. 지옥에 관해서 더 이상 내게 보여주시는 것을 주님은 원치 않으셨습니다.

그리스도의 환시

내가 그리스도를 보았을 때 그 헤아릴 길 없는 아름다움이 나의 내면에 새겨졌으며 오늘까지도 아직 거기에 머물러 있습니다. 그런 일은 단 한 번만으로도 넉넉할 텐데 주님은 이 은혜를 이렇듯 자주 내게 베풀어 주셨으니 더욱 그럴 수 있었을 것입니다. 나는 크나큰 진보를 했습니다. 다음에 말하는 것처럼 나는 한 가지 커다란 결점을 가지고 있었는데, 그것 때문에 나는 매우 큰 해를 입고 있었습니다. 그것은 누가 나에게 호의를 품고 있다고 느낄 때 그 사람이 내 마음에 들면 즉시 마음속으로 그 사람 일을 계속 생각할 만큼 정신 없이 거기에 열중해 버리고 마는 것입니다. 물론 하느님을 소홀히 할 생각은 없었지만 그래도 그 사람과 만나고 그를 생각하고 그의 장점을 생각하며 좋아했습니다. 내 영혼은 거기에 열중해 버릴 정도이고 그것은 매우 해로운 일이었습니다. 그러나 주님의 더없는 아름다움을 본 뒤에는 주님께 비하여 내게 마음에 드는 사람 또는 나의 마음을 사로잡을 만한 사람은 아무도 없었습니다. 내 영혼 안에 계시는 주님의 모습을 생각하면서 거기에 눈을 돌리는 것만으로 나는 충분합니다. 그때부터 주님 안에서 본 아름다움과 우아함을 생각하면 이 세상의 모든 것은 내게 싫증이 나게 합니다. 이렇게 자주 내게 말씀하시는 주님의 단 한 마디 말씀만으로도 이미 어떤 학문이나 즐거움도 아무런 가치를 느낄 수 없습니다. 만일 주님께서 내 죄의 벌로서 내게 있는 나쁜 일의 추억을 없애 주시지 않더라도 내 기억 속에 차지하고 있는 주님의 모습을 조금 상기하기만 하면 자신의 이 결점에서 벗어나 자유를 돌이키는 데 넉넉합니다.

진 리

나에게는 하느님을 섬기는 것을 목적으로 하지 않는 모든 것은 말할 수 없이 허황되고 거짓에 넘쳐 있는 것 같습니다. 그리고 이 진리를 깨닫지 못하고 어둠 속에 있는 이들을 나는 진정 애석하게 생각합니다. 또한 나는 지금부터 말하고자 하는 다른 선익도 거기서 얻었고 또 이루 말할 수 없을 만큼 많은 선익을 얻었습니다. 주님은 그때 나에게 매우 깊은 은총을 나타내는 특별한 말씀을 하셨습니다. 그러나 나는 그것이 어떤 방법으로 된 것인지 알 수 없습니다. 왜냐하면 나는 아무것도 보지를 못했으니까요. 내가 어떤 상태에 있었는지도 말할 수 없으나, 대단히 용기에 넘쳐 성서의 가장 작은 부분까지도 실천하려고 참으로 전력을 다하고 있었습니다. 거기에 있는 온갖 장애를 뛰어넘을 수 있을 것같이 여겨졌습니다.

나에게 보여 주신 이 하느님의 진리의 참된 맛스러움은 어떻게 해서인지는 알 수 없으나 내 안에 새겨지고 하느님께 대한 새로운 존경을 내게 불러일으켰습니다. 그것은 주님의 위엄과 권능에 대한 표현키 어려운 한 생각을 나에게 주신 까닭입니다. 그러므로 그것이 아주 큰 은혜임을 깨달았습니다. 이 덕분에 나는 세속적인 담화에서 초월하여 아주 진실된 사정만을 말하고 싶은 강렬한 원의를 품게 되었고 세속적인 담화에서는 고통스럽기까지 하였습니다. 그것은 내 안에 깊은 애정, 온유함 그리고 겸손 등을 주셨습니다. 나는 어찌된 영문인지 모르지만 주님께서 나에게 많은 것을 주셨다고 생각됩니다. 거기에 착각이 숨어 있지나 않은가 하고 조금도 두려워하지 않았습니다. 나는 아무것도 보지 못했으나, 우리가 하느님께 가까이 가는 데 도움이 되지 않는 것을 무시해 버리는 것은 얼마나 큰 선익이 되는가를 깨달았습니다. 그리고 진리 그 자체이신 분 앞에서 진리 안에 있다는 것이 얼마나 영혼에게 유익한가를 나는 잘 알아 들었습니다. 주께서 내게 깨닫게 해주신 것은 하느님이 진리 그 자체이시라는 것입니다.

내가 여기서 말한 모든 것은 때로는 말씀으로 내게 전달된 것이고 또 어떤 때는 아무 말씀도 하지 않으셨으나 도리어 말씀으로 하신 것보다도 훨씬 더 뚜렷했습니다. 나는 이 진리를 많은 학자들에게서 배운 것보다도 더 잘 깨쳤습니다. 학자들은 내 안에 이 진리를 결코 깊이 새겨 줄 수는 없었을 것이고, 또한 이 세상의 헛됨을 이토록 명백하게 내게 이해시킬 수도 없었을 것입니다. 내가 지금 말하고 있고, 내가 이해할 수 있게 된 이 진리는 진리 그 자체입니다. 다른 모든 진리는 이 진리에 종속되어 있습니다. 그것은 다른 모든 사람이 이 사랑에, 다른 모든 위대함이 이 위대함에 종속되어 있는 것과 같습니다. 그러나 주님이 나에게 이해시키시려고 원하셨을 때 하신 저 명확성에 비긴다면 지금 내가 설명하고 있는 것은 얼마나 막연한 것인지 모릅니다.

청 빈

 사랑하는 따님들이여, 믿어 주십시오. 내가 거룩한 청빈 안에 간직되어 있는 행복을 제법 알게끔 주께서 가르쳐 주신 것은 여러분을 위한 것이었습니다. 여러분도 몸소 경험해 보면 깨달으실 것입니다마는 정녕 나만큼 절실히 깨닫지는 못할 것입니다. 왜냐하면 나는 청빈의 서원을 발하였으면서도 마음으로 가난하기는커녕 얼빠진 사람이었으니까요.
 청빈이야말로 세상에 있는 모든 행복 중의 행복이요 어마어마한 왕국입니다. 그렇습니다, 모든 것을 초개같이 여기는 이로 하여금 이승의 모든 보화를 지배하게 하는 것입니다.
 임금이나 성주의 재산에 마음이 없다면, 도대체 그들이 무슨 소용이 있겠습니까? 그들 때문에 조금이라도 주님을 언짢게 해 드리는 일이 생긴다면야 그들의 마음에 들어서 무슨 소용이 있겠습니까? 가난한 이의 큰 보람이 진정으로 가난한 데에 있다 함을 깨달았다면 그들의 영화란 것이 무슨 소용이 있는 것이겠습니까? 내 생각으로는, 돈과 이름은 항상 동행하기 마련이어서 이름을 얻으려는 자 돈을 싫어하지 않고, 돈이 싫은 사람이면 이름을 가벼이 아는 것입니다.
 이걸 잘 알아 두십시오. 이름을 얻으려는 데에는 언제나 돈이나 재산의 욕심이 따른다고 나는 생각합니다. 세상에서는 가난한 이가 존경을 받는다는 것은 매우 드문 일이고, 사실 존경을 받아야 될 사람이라도 가난하면 알아 주지 않으니 말입니다.
 그러나 진정한 청빈에는 누구도 감당할 수 없는 엄청난 이름이 따르는 법입니다. 오로지 주님을 위하여 가난하게 됨을 일컫는 것으로서, 이 경우 하느님 외에 그 누구의 마음에 들려고 할 필요가 없습니다. 그 누구도 아쉽지 아니할 때 도리어 많은 벗을 얻는다는 것은 아주 뻔한 일, 나는 경험으로 이 사실을 잘 알고 있습니다.

 이 덕에 관한 책들이 하도 많아서 나로서는 알아듣지도 더군다나 풀어서 말할 수도 없습니다. 오히려 이 덕을 들어높이려다가 흐려 놓을까 싶어서 이 이상 더는 말하지 않겠습니다. 이미 말한 것은 경험을 통하여 내가 깨달은 것뿐입니다. 사실을 말씀드리자면 여기에 너무 빨려들어가 지금도 얼떨떨합니다만 아무튼 이미 말해 버린 것이 주님의 사랑을 위한 것이 되었으면 합니다.

 거룩한 청빈은 우리의 무기, 그리고 우리 수도회가 창건되던 그때부터 성조들께서 이를 끔찍히 아시고 지켜 오신 것입니다(아는 분의 얘기를 들으면 그분들은 하루의 다음날을 위하여 아무것도 남겨 두는 법이 없으셨다고 합니다). 따라서 우리는 외면적으로까지 청빈을 그토록 완전히 지키지는 못할망정 내면적으로나마 지키기로 힘써야 할 것입니다.

 인생은 불과 두어 시간뿐이나, 그 상급은 막대한 것입니다. 아니 상급이 하나도 없다 치더라도, 주님의 교훈을 따른다는 그 자체가 어느 모로나 엄위하신 당신을 닮는 일이니 큰 상급이 아니고 무엇이겠습니까?

하느님께 대한 사랑

 하느님을 참되이 사랑하는 이들은 모든 좋은 것을 사랑하고, 모든 좋은 것을 원하고, 모든 좋은 것을 돕고, 좋은 것을 칭송합니다. 그들은 언제나 좋은 이들과 항상 벗하고 그들을 도와 주고 감싸 줍니다. 그들은 오직 진리만을 사랑하고 또한 사랑할 가치가 있는 것만을 사랑합니다.

 진심으로 하느님을 사랑하는 사람이 덧없는 것을 사랑할 수 있으리라고 생각하십니까? 그들은 부귀도 이 세상 것도 세상의 쾌락과 명예도 사랑할 수는 없습니다. 그는 사람들과 다투지 않고 부러워하지도 않습니다. 다만 사랑하는 님을 기쁘게 해 드리는 일 외에는 아무것도 원하지 않는 까닭입니다. 그는 사랑하는 님으로부터 사랑받고 싶은 강렬한 소망으로 죽을 지경이고, 어떻게 하면 더 그 님의 마음에 들 수 있을까를 배우기 위해 평생을 보냅니다. 그러한 사랑을 숨길 수 있다고 생각하십니까? 오! 만일 그것이 참된 사랑이라면 하느님께 대한 사랑을 숨긴다는 것은 불가능한 일입니다.

성 바울로와 막달라의 마리아를 보십시오. 한 분은 사흘이 못 가서 사랑으로 병든 것이 드러났으니 그분이 곧 바울로 성인이시고 막달라의 마리아는 이미 첫날부터 얼마나 잘 드러났습니까?

물론 여기에도 그 사랑의 힘에 따라서 강약의 차이는 있습니다. 만일 사랑이 약하면 드러나는 것도 적고, 강하면 더 많이 드러날 것입니다. 그러나 그것이 강하든 약하든간에 하느님의 사랑인 이상, 언제나 드러나기 마련입니다.

코르도바에서의 성신강림축일

사람들 눈에 띄지 않게 미사에 참례하기 위해서 우리는 아침 일찍 코르도바에 들어가려고 서두르고 있었습니다. 좀더 조용히 지낼 수 있으리라고 생각되는 다리 건너편에 있는 성당으로 우리는 가고 있습니다. 그 다리를 건너려는 바로 그때에 사륜마차로 통과하는 허가를 받지 않았음을 알았습니다. 시장만이 그 허가를 줄 수 있었는데, 그는 아직 일어나지 않았으므로, 그 허가를 받기까지 두 시간 가량 기다려야만 했습니다. 그동안 많은 사람이 모여들어 거기 있는 우리를 보려고 애썼습니다. 그러나 그들이 아무것도 볼 수 없을 정도로 마차는 아주 잘 가리워져 있었으므로 우리는 조금도 걱정하지 않았습니다. 겨우 허가증이 도착했으나 이번에는 마차가 다리 문을 통과할 수 없었기 때문에 마차를 톱으로 자르든가 어떻게 해야 되었으므로 시간이 더 지체되었습니다. 아빌라의 율리아노 신부가 미사를 드리기로 된 성당에 간신히 도착했을 때, 성당 안은 이미 신자들로 가득 차 있었습니다. 우리가 미처 몰랐으나 이 성당은 성령께 봉헌되었고 더구나 그날은 대축일이라서 강론도 있었기 때문이었습니다.

이 일은 나를 몹시 슬프게 했습니다. 이렇게 소란스러운 곳에 들어가기보다는 차라리 미사 참례를 하지 않고 돌아가는 편이 내게는 오히려 더 바람직하다고 생각되었습니다. 그러나 아빌라의 율리아노 신부의 의견은 그렇지가 않았습니다. 그는 신학자여서 우리는 그 말씀에 따르지 않으면 안 되었습니다. 나의 일행들도 아마 나와 같은 의견이었으리라고 여겨집니다. 만일 참으로 그랬었다면 그것은 다행한 일이었을 것입니다. 그렇다고 해서 나는 내 생각을 주장하고 싶지는 않았습니다. 우리는 성당 가까이서 마차에서 내렸습니다. 사람들은 큰 수건으로 가려진 우리 얼굴을 볼 수는 없으나 이렇게 수건을 내려 쓰고 거친 모직의 갈색 옷에다 망토에다 샌들을 신고 있는 우리를 본다면 틀림없이 사람들의 마음을 설레게 만들었을 것입니다. 아니나 다를까 큰 소동이 났습니다. 이 사건의 충격으로 인해 내 열은 한꺼번에 쑥 내려갔습니다. 정말 이 사건은 내게도 나의 동반자들에게도 모두 정말 큰 충격이었습니다.

할 수 없이 우리가 성당에 들어갔을 때 친절한 신사 한 분이 나에게 다가와서 사람들을 물리쳐 주었습니다. 나의 간곡한 부탁으로 그분은 우리를 소성당까지 데려다 주고는 문을 잠갔습니다. 이 신사는 우리에게서 잠시도 떠나지 않고 성당에서 나올 때까지 도와 주었습니다. 며칠 후 그가 세빌리아에 와서는 우리 회의 어떤 사제에게 하느님께서 지난번의 작은 선행의 보상으로 뜻밖의 재산을 그에게 주셨다고 말하더랍니다. 따님들이여, 나는 당신들에게는 그까짓 것이라고밖에는 여겨지지 않을지도 모르겠습니다마는 이때야말로 내 평생 겪은 어려움 중에 가장 나쁜 한때였던 것입니다. 사람들의 흥분은 마치 투우가 들어온 것같이 대단한 것이었습니다. 나는 이 도시에서 곧 떠나고 싶었습니다. 잠깐 낮잠을 잘 장소가 근처에는 없었으므로 우리는 다리 밑에서 쉬었습니다.

완전한 묵상기도의 요긴한 부분

나는 우선 부족하나마 나의 능력이 미치는 데까지 완전한 묵상기도의 핵심을 설명해 보려고 합니다. 그 이유는 나는 완전한 묵상기도란 그저 생각하는 것이라고 여기고 있는 사람들을 만났기 때문입니다. 만일 그들이 부단한 노력으로 애써 하느님께 대한 생각으로 마음을 잡아 둘 수 있었다면, 그들은 스스로 영성적인 사람이라고 생각해 버릴 것입니다. 이와는 반대로 그들이 설령 그것이 좋은 일 때문이더라도 피곤해서 마음이 흩어지면 그들은 아주 낙심하여 자기는 안된다고 생각합니다. 박학한 분들은 이러한 잘못에 떨어지는 일이 없다고도 하지만, 나는 그런 잘못에 빠진 박학한 사람들을 알고 있습니다. 그러나 우리 여성들은 이런 잘못을 미리 알아 둘 필요가 있습니다. 하느님의 업적을 끊임없이 묵상할 수 있는 것이 주님의 은혜가 아니라는 것은 아닙니다. 우리가 묵상에 힘쓰는 일은 그 자체가 좋은 일이기 때문입니다. 그러나 모든 이들의 상상력이 천성적으로 묵상의 경향을 띠고 있는 것이 아님을 잘 이해하고 있어야 합니다. 그러나 모든 영혼은 사랑하는 능력을 가지고 있습니다. 나는 우리의 상상력으로 그르치는 원인을 다른 데서 이미 썼습니다. 그러나 전부 쓴 것은 아니고 그중 몇 가지만이었으나 어떻든 여기서는 그 문제를 다루지 않기로 하겠습니다. 나는 다만 영혼은 생각이 아니라는 것, 그리고 의지를 지배하는 것도 아니라는 것, 만일 사고가 의지를 지배하게 되면 그것은 크나큰 해를 준다는 것들을 일깨워 드리고 싶습니다. 영혼의 진보는 많이 생각하는 데 있는 것이 아니고 얼마나 많이 사랑하는가 하는 데 있습니다.

 그럼 도대체 어떻게 이 사랑을 얻을 수 있겠습니까? 행동하고, 고통을 결심하고, 모든 경우에 이 결심을 실천함으로써 얻어집니다. 우리가 무엇이며, 하느님은 어떤 분이신지, 우리는 얼마나 주님께 많은 것을 받고 있는가를 생각하는 것만으로도 우리 영혼은 용기를 얻기에 넉넉합니다. 그것은 정말입니다. 그러나 우리의 순명으로 이웃을 돕는 데 방해가 되지 않는 한 영적 초보자들에게는 하느님께 대한 생각은 가치있고 대단히 유익한 일입니다. 순명과 이웃에 대한 의무는 하느님과 나와의 단 둘만의 향연의 즐거움을 우리에게서 빼앗아 가 버립니다. 즉, 하느님께 많은 것을 바치고자 하는 그 시간을 우리에게서 빼앗아 가 버립니다. 그러나 이 영적 향연을 순명을 위해서, 또 이웃에 대한 의무를 위해서 희생하는 것은 하느님을 기쁘게 해 드리는 것이며 바로 그것은 하느님이 우리에게 말씀하신 대로 행동하는 것이 됩니다. 지금까지 했던 것과는 반대로 우리 편에서 자기의 기쁨을 위해서가 아니라 적극적으로 하느님을 기쁘게 해 드려야 합니다: "너희가 여기 있는 형제 중에 가장 보잘것없는 사람 하나에게 해준 것이 바로 나에게 해준 것이다"(마태 25, 40). 순명에 관해서도 주님을 진정으로 사랑하는 사람은, 주 친히 죽기까지 순명하신(필립 2, 8 참조) 길 외에는 원치 않는 사람입니다.

오, 주님을 참으로 아는 이들의 사랑! 주님을 참으로 사랑하는 이들의 사랑! 만일 그들이 자기들의 노력으로써 단 한 사람의 영혼의 진보를 위해, 또는 하느님을 더욱 사랑하게 하는 데 도움이 될 수 있음을, 그리고 또한 그 영혼의 위로가 될 수 있고 더구나 위험에서도 구해 줄 수 있다는 것을 알면서 과연 자기의 안일만을 찾을 수 있겠습니까? 그들이 하느님 없이 혼자만 쉬려고 할 때는 진정 쉬어지지 않을 것입니다. 그들은 행동으로 남을 도울 수 없으면 기도로써 무엇인가를 할 것입니다. 그들은 수많은 영혼들이 헤매고 있는 것을 보면 고통스러워서 하느님께 매달릴 것입니다. 그들은 자기들의 즐거움 같은 것은 아예 문제삼지도 않습니다. 왜냐하면 그들은 주님의 뜻에 순종하고 맞갖게 행동하는 것만을 생각하여 그들 자신의 만족을 잊어버리기 때문입니다. 하느님께서 당신 사랑을 위해 봉사하도록 명백히 명하셨을 때, 하느님을 바라보는 것만으로 시간을 보내고 싶다는 구실로 우리가 하는 거절이 얼마나 꼴불견이겠습니까? 우리 편에서 하느님께로 가는 길은 단 하나의 길로써만 우리가 진보한다고 생각하여 하느님의 손을 묶어 버리고 마는 그런 짓이 하느님의 사랑을 향해 가는 참된 진보라고 말할 수 있겠습니까!

겸 손

어느 날 내가 주님께서 이 겸손의 덕을 대단히 사랑하시는 것은 대체 어떤 이유에서일까를 곰곰히 생각했는데, 갑자기 그것을 그때 명확하게 깨달은 것같이 생각되었습니다. 즉, 하느님께서는 최고의 진리 그 자체이시고 그리고 겸손이란 진리 가운데 있는 것입니다. 여기서 한 가지 아주 중요한 것이 있습니다. 즉, 우리 스스로는 아무것도 좋은 것을 갖고 있지 않으며, 오히려 우리는 비참하고 허무라는 것입니다. 이를 이해하려 하지 않는 사람은 자기 자신을 속이는 것입니다. 우리가 이 진리를 깨달으려고 하면 할수록 더욱더 최고의 진리 그 자체이신 하느님 마음에 드는 것입니다. 왜냐하면 누구나 이 진리 안에 살고 있기 때문입니다. 자매들이여, 하느님의 마음에 의합하도록 자기 자신의 진상을 드러내는 이 인식을 멀리하지 않을 은혜를 받으시기를 빕니다. 아멘.

참된 영적인 사람

  십자가의 주님을 바라보십시오. 그러면 모든 일은 당신에게 쉬워질 것입니다. 영광의 하느님은 우리들에게 많은 행동과 무서운 고통으로써 당신 사랑을 나타내셨습니다. 그런데 어떻게 그대들은 다만 말뿐으로만 하느님을 만족하게 해 드릴 수 있다고 생각합니까? 참으로 영성적인 사람, 그것이 어떠한 사람인지 그대들은 아십니까? 그것은 하느님의 종이 되는 사람입니다. 그 노예들에게는 십자가의 낙인이 찍혀 있습니다. 왜냐하면 하느님께서 그들을 노예로서 모든 사람에게 파실 수 있도록 그들은 이미 자기들의 자유를 하느님께 양도하고 있기 때문입니다. 마치 하느님께서 친히 하셨듯이 말입니다. 하느님께서는 굉장한 은혜를 주시지만 그들에게 불의를 조금도 행하지 않으십니다. 그것을 두려워하여 결심하지 않는 사람은 크게 진보할 수 없을 것입니다. 왜냐하면 이미 말씀드린 바와 같이 겸손은 이 건물의 모든 기초가 되기 때문입니다. 이 겸손이 확실한 것이 아닌 한 주님께서는 그들을 높이 올리시기를 원치 않으십니다. 그것은 바로 당신들을 위해서입니다. 당신들이 넘어지지 않게 하기 위해서입니다. 그러므로 자매들이여, 이 건물이 훌륭한 토대를 가질 수 있도록 모든 것 중에 가장 작은 것이 되도록 당신들은 서로 모든 자매들의 노예이기를 힘쓰십시오. 당신들은 어떻게, 무엇으로 그들을 기쁘게 할 수 있으며, 그들에게 봉사할 수 있는지를 찾아보십시오. 이처럼 당신들이 행하는 것은 결국 그녀들을 위해서라기보다 오히려 그것은 더욱 당신들 자신을 위한 것입니다. 왜냐하면 당신들은 자기들의 성이 붕괴될 수 없을 만큼 튼튼한 돌로 기초를 쌓기 때문입니다.

하느님께 대한 갈망

오, 나의 기쁨, 만물의 창조주이신 내 하느님이신 주여! 언제까지 나는 당신 앞에 나가는 것을 기다려야 하겠습니까? 당신이 아니고서는 이 지상에서 조금도 마음의 평화를 가질 수 없는 자에게 당신은 무슨 약을 주시렵니까? 아, 기나긴 인생! 쓰라린 인생! 마치 죽은 것과 같은 인생! 심한 고독, 좀처럼 나을 수가 없습니다! 그러니 언제까지, 주님, 언제까지 어찌하면 좋겠습니까? 나의 보화이신 주님, 어찌하면 좋단 말입니까? 당신을 사모하지 않고 어찌 내가 있을 수 있겠습니까? 오, 나의 주님이시요 창조주이신 분이시여, 당신은 벌하시고도 향유를 부어 주시지 않고, 또한 당신은 상처를 내셨는데 그 상처가 그 사람에게는 보이지 않습니다. 당신은 죽이셔도 사람은 그것으로 더욱 진실하게 살 수 있습니다. 결국 나의 하느님은 당신이 원하시는 것을 실행하시는 전능하신 분이십니다. 그러나 하느님, 당신은 보잘것없는 지렁이와 같은 자라도 이와 같은 희생을 견디는 것을 원하십니까?

나의 하느님! 당신께서 그것을 원하신다면 뜻대로 그것을 이루소서. 나는 당신을 사랑하는 것밖에는 다른 아무것도 원치 않기 때문입니다.

탄 원

당신은 말씀하셨습니다. "내게로 오라. 지치고 무거운 짐 진 사람아, 나는 너를 위로하겠노라"고. 주님, 이 이상의 것을 어찌 우리가 바라겠습니까?

내가 무엇을 더 원하겠습니까? 무엇을 구하겠습니까? 위로를 찾기 위하여 세상 사람들은 헤매고 있습니다. 구세주이신 하느님, 오, 구세주이신 하느님! 아 얼마나 한심스러운고! 얼마나 큰 소경됨인가! 우리는 찾을 수 없는 곳에서 하느님을 찾고 있습니다. 창조주이신 하느님이시여! 당신 피조물을 불쌍히 보옵소서! 우리가 자기 자신을 자각하지 못함을, 우리가 무엇을 원하는지를 이해하지 못하고 있음을, 우리가 무엇을 찾고 있는가를 조금도 알지 못함을, 제발 주님, 생각해 주십시오. 주님, 우리에게 빛을 주십시오. 똑똑히 보고 싶어하면서도 그렇게 할 수 없는 태생 소경들보다도 빛은 우리에게 더욱 필요한 것임을 기억해 주십시오. 주님, 오늘날 사람들은 똑똑히 보고 싶어하지 않습니다. 오, 그것은 회복할 길 없는 중한 병입니다. 바로 이곳에야말로, 나의 하느님, 당신의 힘을 보여 주셔야만 합니다. 이곳에서야말로 당신의 자비가 함께 있게 해주십시오.

오, 나는 당신께 어려운 것을 청하고 있습니다. 나의 참 하느님, 당신을 사랑하지 않는 자를 사랑해 주십시오. 당신을 찾아 부르지 않는 자를 받아 들여 주십시오! 병을 즐기고 병을 찾아 구하고 있는 자에게 건강을 주십시오! 주님, 당신은 죄인을 위해 오셨다고 말씀하셨습니다. 주님, 여기에 죄인들이 있습니다. 나의 하느님, 우리의 소경됨을 생각지 말으시고, 당신 성자께서 우리를 위해 흘리신 그 피를 생각해 주십시오. 당신의 자비가 많은 악한 일 위에서 빛나시기를. 주님, 우리는 당신께로부터 창조된 것임을 생각해 주십시오. 당신의 자애와 당신 자비의 구원을 우리에게 주십시오.

허 영

"나를 꽃들로 괴여 주십시오." 이 꽃들은 우리가 이 세상에서 향기를 맡는 꽃과 아주 다른 향기를 갖고 있습니다. 영혼이 주님과 이웃에 대해서 봉사한다는 위대한 일을 완수하시기를 바라고 있는 것을 나는 잘 알 수 있습니다. 그러므로 영혼에게는 이 즐거움이나 기쁨들을 단념하는 것이 행복스럽습니다. 왜냐하면 그것은 관상적이라기보다도 더욱 활동적인 생활임에도 불구하고 영혼의 소망이 성취되자, 영혼은 자기가 손해본 것같이 느끼기 때문입니다. 이 상태에서 마르타와 마리아는 거의 함께 행동하고 있습니다. 활동적인 생활에 있어서, 외면적으로 보이는 그 생활은 실제로는 내면적으로 활동하고 있는 것이고 그 뿌리 위에 이 활동적 행위가 생기는 것입니다. 그리고 그것은 더할 나위 없는 향기를 가진 멋진 꽃을 피웁니다. 왜냐하면 이 꽃들은 하느님께 대한 사랑의 나무에서 피어나기 때문입니다. 타산 없이 다만 하느님만을 위해서입니다. 그러므로 이 꽃들은 수많은 사람들을 위해서 향기를 풍깁니다. 강한 향기는 갑자기 사라지지 않습니다. 더구나 그것은 크나큰 효과가 있습니다.

  나는 당신들이 잘 이해할 수 있도록 나의 생각을 설명하고자 합니다. 어떤 설교가가 영혼에게 유익한 좋은 설교를 한다고 합시다. 그러나 그는 여전히 인간적이어서 이를테면 사람들의 마음에 들고 싶다든가, 존경과 신임을 얻고 싶다든가 하는 원의에서 완전히 이탈되어 있지 않습니다. 이와 똑같은 일은 남을 불쾌하게 하지 않으면서 자기도 역시 손해를 보지 않으려고 유의하면서, 좋은 지향으로 이웃을 위해 일하는 것도 가끔 볼 수 있습니다.

  사람은 박해를 두려워합니다. 임금들, 영주들 그리고 백성들도 모든 이의 마음에 들기를 바랍니다. 그러므로 사람들은 이 세상에서 참으로 존경받으려고 조심스레 행동합니다. 이런 태도는 참으로 엄청난 많은 불완전을 은폐시킵니다. 그것은 진중이라고 일컬어집니다. 그러나 참으로 그 이름에 합당한 가치를 지녔으면 좋으련만.

  엄위하신 하느님께 봉사하고 있는 이런 사람들은 확실히 퍽 유익하게 쓰일 것입니다. 그러나 신부(新婦)가 찾고 있는 행위는 이런 류의 것이 아니고, 또한 이런 꽃들도 아닙니다. 그들은 온갖 사물 안에, 오로지 하느님의 영예와 하느님의 영광만을 찾는 것입니다.

십자가의 성 요한에 대해서
〈살체도의 프란치스꼬에게 보낸 편지(1568년 7월 6일)〉

이 사제에게 말씀드려 주십시오. 나는 당신에게 그 일을 진심으로 부탁드리는 바입니다. 그리고 이 문제에 대해서 그를 도와 주십시오. 왜냐하면 그는 비록 왜소한 사람이기는 하나 하느님 앞에 위대한 사람이라는 것을 나는 잘 알고 있기 때문입니다. 우리들에게 있어서 그가 안 계시게 된다는 것은 참으로 허전한 일입니다. 그는 사려깊은 분이시고 우리 생활 양식에도 적합하십니다. 그러므로 주께서 그를 이곳에 부르신 것이라고 생각합니다. 그에 대해서 나쁘게 말하는 수사들은 한 사람도 없습니다. 모두가 그를 칭찬합니다. 그는 그 젊음에도 불구하고 대단한 고행 생활을 실천하고 있습니다. 하느님께서 손수 그를 인도하고 계신 듯합니다. 왜냐하면 가끔 우리들이 하고 있는 개혁과 그밖의 다른 일 때문에 내가 그에게 화를 냈음에도 불구하고 우리는 그에게 아무런 불완전함을 찾아볼 수가 없었습니다. 그는 용기가 있습니다. 그러나 그는 고독합니다. 그에게는 주께서 주시는 모든 것이 필요합니다. … 그는 모든 것을 온 마음으로 열심히 합니다. 그는 당신에게 우리의 소식을 전해 줄 것입니다.

고뇌와 기도
〈그라시안 신부에게 보낸 편지(1576년 10월 23일)〉

고통받고 있는 사람이 조금도 기도하지 않음을 우리는 상상할 수 없습니다. 고독중에 노력하면서 눈물을 흘리고 있는 사람은 가끔 자기가 참으로 묵상기도를 하고 있다고 생각합니다. 그러나 그 사람들보다도 고통당하고 있는 이들이 가끔 훨씬 더 기도하고 있다고 말할 수 있습니다.

교회법상의 시찰자들
〈그라시안 신부에게 보낸 편지(1576년 11월 19일)〉

우리 자매들이 두려워하고 있는 일, 그것은 그녀들을 의기소침하게 하고 그녀들에게 무거운 짐을 지우는 몇 분의 답답한 장상들의 방문입니다. 그것은 아무런 도움도 되지 않습니다. 만일 그들이 무엇인가를 결정하지 않으면 자기들의 시찰이 헛된 것이라고 생각하고 있다면 그것은 정말 우스운 일입니다. 만일 수도자들이 영성체하는 날에는 휴식시간을 가져서는 안된다고 말한다면, 매일 미사를 지내는 그들은 절대로 쉬는 시간을 가져서는 안될 것이 아니겠습니까? 사제들이 이 규칙을 지키지 않는데 왜 불쌍한 다른 사람들이 이것을 지켜야 한단 말입니까?

이같은 규칙들을 읽는 것만으로도 나는 지쳐 버리는데, 만일 그것을 지켜야 한다면 도대체 어떻게 해야 하겠습니까?

충 고
〈성 요셉 수도원의 마리아 원장에게 보낸 편지(1577년 1월)〉

잊어버리기 전에, 나는 당신이 받은 회사에 대해서 내게 보내 주신 기록과 당신이 일해서 얻은 것에 대한 면밀한 계산 보고를 보고 참으로 재미있게 생각했습니다. 당신의 말이 정말이라면 좋겠는데, 당신은 참으로 수완가입니다. 그리고 당신은 마음속에 어떤 생각을 가지고 있는 것으로 내게는 여겨집니다. 나는 이 보고에는 만족하고 있으나 당신의 건강에 대해서는 걱정하고 있습니다.

우리 마라곤의 수도원장은 여전히 같은 상태입니다. 나는 로하의 물이 그렇게 먼 데서 운반되어 올지라도 만일 그녀를 위해서 좋다면 그것을 가져오도록, 사람을 보내려고 우리 신부님에게 간곡히 청했습니다. 그러니 이 일을 신부님께 깨우쳐 드리십시오. 나는 오늘 전도사 편에 그분에게 편지 한 통을 보냈습니다. 이 사람이 어떤 일로 신부님을 만나러 가는 것이 내게는 퍽 다행스러운 일이었습니다. 그래서 나는 지금은 그에게 편지를 쓰지 않습니다. 당신이 내게 그 편지들을 보내 주시면 대단히 고맙겠습니다. 그러나 신부님의 편지가 없더라도 당신의 편지가 온다면 무척 기쁘겠습니다. 이 문제에 대해서는 걱정하지 마십시오. 나는 당신 소포를 안티스

고의 요한나에게 보냈습니다. 이 답장이 내게 도착하기에는 아직 시간이 이릅니다. 그녀와 같은 분을 위해서 수도원에서 무엇을 지불하는 것은 우리가 초기 때보다 가난하지 않으니 당연한 일입니다. 그러나 무엇이 부족할 경우에는 당신의 딸들을 위한 의무가 우선적이어야 합니다.

오! 당신이 마치 관구장처럼 되어 건방지게 된 것 같구려! 왜냐하면 당신이 "자매들은 이 시들을 당신에게 보내 드립니다!"라고 잘난 체하며 말해서 우스워 혼났습니다. 그것은 아마도 당신 자신이 모두 지은 것이겠지요. 당신이 말한 그대로 당신에게 충고하는 자는 이 세상에는 아무도 없습니다. 그러므로 당신을 허영에서 지켜 주기 위해 필요한 것을 이렇게 내가 당신에게 말씀드리는 것은 나쁘지 않다고 생각합니다. 그러나 어떻든 당신은 어리석은 말을 지껄이지 않으려고 피하고 있는 모양인데 그것은 참으로 당신답습니다. 여러 가지 일에 대해서 아주 나쁘지는 않습니다. 그러므로 당신의 지향이 진정 하느님께 봉사하는 데 있기를 기도로 청합니다. 나는 이밖에도 많은 편지를 써야 하는데 이따위 시시한 글을 쓰는 데 시간을 보내고 있다니 우습군요. 만일 당신이 그것에 성공한다면, 즉 당신이 금화 찾기를 자랑하는 것을 용서하겠습니다. 왜냐하면 당신이 걱정거리에서 벗어나는 것을 보고 싶은 마음이 간절하기 때문입니다. 그러나 내 형제는 대단히 덕에 진보하였으니 틀림없이 당신들에게 필요한 것을 모두 기쁘게 제공할 것입니다.

당신이 데레사 ― 성녀의 작은조카 ― 와 같은 소녀는 결코 없다고 생각하는 것은 잘못입니다. 그러므로 벨라가 저 데레사만큼 자연적 은혜도 초자연의 은혜도 받지 못했다 하더라도 ― 우리는 하느님께서 저에게 행하신 어떤 일들을 참으로 보았으니 ― 벨라는 총명함과 좋은 솜씨와 온유함들로 데레사를 능가하고, 우리가 바라는 모든 것을 할 수 있습니다. 이 소녀의 좋은 솜씨는 놀랄 만한 것입니다. 몇 사람의 작은 불행한 양치기들과 몇몇 젊은 수녀들과 함께, 그녀의 소유인 성모의 작은 성상도 같이, 축일에나 혹은 축제에는 그녀들은 반드시 무엇인가를 합니다. 그들의 작은 은둔소에서 혹은 쉬는 시간에 대단히 정확한 목소리로 더구나 자기의 가락으로 그녀는 시를 노래합니다. 우리는 그것을 듣고 깜짝 놀랐습니다. 그러나 그녀에 대해 한 가지 걱정거리가 있습니다. 거드름을 피우고 잘난 체하는 그녀의 태도를 어떻게 고쳐 주어야 할지 모르겠습니다. 그녀는 대단히 차가운 웃음을 웃습니다. 그리고 늘 그 냉랭한 미소를 머금고 있습니다. 그 입, 나는 그것을 벌리게 하거나 다물게 하려 합니다. 나는 그녀를 웃지 않게 하려고 해보고 있습니다. 그녀는 이것은 입 탓이니 어쩔 수 없다고 하는데 그것은 확실히 그런 것 같습니다. 데레사의 외형적 그리고 그밖의 다른 아름다움을 알고 있는 이들은 더욱더 벨라의 입을 주시하게 될 것입니다. 나는 이 말을 하고 싶지 않지만 그것은 사실인 것입니다. 나는 이 일을 당신에게만 은밀히 말하는 것이니 아무에게도 말하지 마십시오. 내가 그녀의 입을 고치려고 애썼다는 것을 당신이 알아 주신다면 기쁘겠습니다. 그녀가 좀더 성숙하면 그 웃음도 자연히 따뜻해지리라고 나는 생각합니다. 적어도 그녀의 이야기에는 악의가 전혀 없다고 생각되니까요.

여기에 이 어린 소녀들의 이야기를 썼는데 두 소녀에 대해 당신이 공평한 인식을 갖기 위해서 나는 이렇게 양편을 다 말한 것입니다. 나는 당신을 재미있게 하려고 이것을 했습니다. 서로 편지를 교환하는 데 대해서도 내가 당신에게 쓰지 않는다고 해서 걱정하지 마십시오.

세빌리아에서 도착한 시들은 나를 여간 즐겁게 한 것이 아니었습니다. 그 시들 가운데 첫째 것을, 그리고 그밖의 다른 잘된 것도 나는 내 형제에게 보냈습니다. 왜냐하면 그 시들은 모두 한결같이 잘된 것은 아니었기에 말입니다. 당신은 그것들을 저 연로하신 성인에게 보여 드리면 어떨는지요.

당신들이 쉬는 시간을 이렇게 보내고 있다는 것을 그에게 말씀하십시오. 왜냐하면 이렇게 시를 지으면서 휴식시간을 보낸다는 것은 수도자답기 때문입니다. 많은 은혜를 입고 있는 그분을 우리가 기쁘게 해 드리는 것은 마땅한 일입니다. 그분의 그렇듯 깊은 사랑에 나는 감탄하고 있습니다.

연 표

1515 3 28 아우마다의 데레사 출생.
1519   세페다의 라우렌시오 출생.
1520   아우마다의 안토니오 출생.
1521   아우마다의 베드로 출생.
1522   세페다의 예로니모 출생. 데레사와 로드리고 둘이서 "무어인의 나라"로 도망하기로 꾀하다.
1525   라 쿠에바스의 데레사(외조모) 작고.
1527   아우마다의 아우구스티노 출생.
1528   아우마다의 요한나 출생. 데레사의 어머니 베아트리스 작고.
1531   데레사의 언니 세페다의 마리아 결혼. 데레사, 아빌라의 아우구스티노회 수도원 부속 기숙사에 들어가다.
1532   데레사, 병으로 아우구스티노회 수도원을 떠나다.
1533   오르디고자의 숙부댁에 머묾. 데레사는 아버지에게 수도 성소를 말씀드리다.
1534   아우마다의 페르난도 페루에 출발.
1535   로드리고, 리오 데 라 플라타에 출발. 11월 2일 데레사 강생 수도원에 입회.
1536 11 2 데레사 착복.
1537 11 3 데레사 서원.
1538   데레사 중병에 걸리다. 오수나의 〈에스파니아식 초보의 제삼부〉 발견.
1539   베세다스에서 요양. 데레사 아빌라에 돌아와서 3일간 혼수상태 계속되다(8월 15일).
1542   데레사의 회복. 십자가의 요한 출생.
1543   데레사의 아버지 세페다의 알론소 산체스 작고.
1546   퀴토에서 안토니오 작고.
1553   데레사의 여동생 요한나 결혼.
1554   데레사의 회심. 보르지아의 프란치스꼬와 처음 만남.
1556   데레사의 "영적 혼약".
1557   칠리에서 로드리고 작고.
1558   데레사는 자기가 악마에게 속고 있는 것이 아닌가 하는 의혹을 품는다.
1559 6 29 그리스도의 최초의 지적 환시를 보다.
           이단 심문소의 총 책임자인 바르데스의 페르난도가 〈금서 목록〉을 공포.
1560 4   데레사는 "심장의 꿰뚫림"의 은혜를 받다.

1560	8	알칸타라의 베드로와 만남.
	9	지옥의 환시. 창립의 계획.
		최초의 〈보고집〉 초안.
1561		최초의 개혁 수도원을 비밀리에 준비하다.
		데레사, 톨레도의 세르다의 루이사 집에 머묾.
1562	6	〈자서전〉의 집필 시작.
	8 24	아빌라의 성 요셉 수도원 헌당식.
	12	〈완덕의 길〉 집필 개시.
		알칸타라의 베드로 작고.
1563		메디나 델 깜뽀에서 성 마티아의 요한(후에 십자가의 성 요한) 착복.
		〈회헌〉 작성.
1564		루베오 신부 가르멜회 총장으로 선출되다.
1565		콜롬비아에서 페르난도 작고.
		데레사 〈자서전〉 완성.
1566		〈신애고〉(神愛考)의 최초 집필.
		말도나도 신부, 성 요셉 수도원을 방문.
1567		루베오 신부의 방문. 창립 계획에 대한 인가를 받다.
		메디나 델 깜뽀에서 헌당식.
		성 마티아의 요한과 만남(십자가의 성 요한).
1568		마라곤과 발야돌리드 창립.
		11월 28일 두루엘로에 최초의 남자 가르멜회 수도원 헌당식.
1569		톨레도에 이어 빠스트라나에서 창립.
		데레사 두루엘로를 방문.
		〈화살기도〉(〈하느님께의 부르짖음〉)의 집필.
		빠스트라나에 있어서 남자 맨발 가르멜회 창립.
1570		살라망까에서의 창립.
		알칼라 데 에나레스에서 남자 맨발 가르멜회 학원 창립.
1571		알바 드 도르메스에서의 창립.
		데레사 아빌라의 강생 수도원 원장으로 임명되다.
1572		십자가의 요한 신부 강생 수도원의 고백신부가 되다.
		데레사 "영적 혼인"의 은혜를 받다.
1573		〈창립사〉 집필.
		그라나다와 나페뉴에라에서 남자 가르멜회 창립.
1574		세고비아의 창립.
		〈신애고〉의 두번째 집필.
1575		베아스와 세빌리아의 창립.
		알도모발에서 남자 맨발 가르멜회 창립.
1576		데레사 창립 사업 계속을 금지당하고 톨레도 수도원에 은거하다.

1576	〈수도원 시찰법〉의 집필.
	카라바카의 창립.
1577	〈영혼의 성〉을 5개월 동안에 완성하다. 데레사적 개혁에 대해서 박해가 심해지다. 십자가의 요한 신부가 완화 가르멜회측에 의해서 톨레도 감옥에 갇히다.
1578	교황 사절 세가 신부가 맨발 가르멜회를 완화 가르멜회에 종속시키다.
	루베오 신부 작고.
1579	맨발 가르멜회에 대한 박해 끝남.
	데레사 또다시 여행을 시작하다.
	바에사에서 남자 맨발 가르멜회 창립.
1580	빌리아누에바 드 라 쟈라에서 창립.
	분리된 관구가 되어서 맨발 가르멜회가 공식 인가되다.
	라우렌시오 작고.
	팔렌치아에서 창립.
1581	알칼라 총회에서 맨발 가르멜회의 회헌이 인가되다.
	소리아의 창립.
1582	부르고스, 그라나다의 창립.
	10월 4일 오후 9시 데레사, 알바 드 도르메스에서 작고.
1591	십자가의 요한 신부 작고.
1604	파리와 디종에 개혁 가르멜회 창립.
1614	바오로 5세 교황에 의해 데레사 시복.
1622	교황 그레고리오 15세에 의해 데레사 시성.
1970 9 27	데레사, 바오로 6세 교황에 의해 교회 박사로 선언되다.